高校教学模式体系与
教学质量保障体系构建研究

华霞 王芬 著

全国百佳图书出版单位　吉林出版集团股份有限公司

图书在版编目（CIP）数据

高校教学模式体系与教学质量保障体系构建研究／华霞，王芬著. -- 长春：吉林出版集团股份有限公司，2023.6
　　ISBN 978-7-5731-3462-2

　　Ⅰ.①高… Ⅱ.①华… ②王… Ⅲ.①高等学校-教学模式-研究-中国②高等学校-教学质量-研究-中国 Ⅳ.①G642

中国国家版本馆 CIP 数据核字（2023）第 099236 号

GAOXIAO JIAOXUE MOSHI TIXI YU JIAOXUE ZHILIANG BAOZHANG TIXI GOUJIAN YANJIU
高校教学模式体系与教学质量保障体系构建研究

著：华　霞　王　芬
责任编辑：朱　玲
封面设计：冯冯翼
开　　本：720mm×1000mm　1/16
字　　数：220 千字
印　　张：12
版　　次：2023 年 6 月第 1 版
印　　次：2023 年 6 月第 1 次印刷

出　　版：吉林出版集团股份有限公司
发　　行：吉林出版集团外语教育有限公司
地　　址：长春市福祉大路 5788 号龙腾国际大厦 B 座 7 层
电　　话：总编办：0431-81629929
印　　刷：吉林省创美堂印刷有限公司

ISBN 978-7-5731-3462-2　　定　价：72.00 元
版权所有　侵权必究　举报电话：0431-81629929

前 言

高校教学模式能影响高校教学质量与教学效率,甚至还能影响学生的学习质量与学习效率。因此,在当前高校教学开展改革之际,管理者们应该重视高校教学模式改革问题,从当前高校教学存在的实际问题出发,创新教学模式,以不断提高高校教学质量。

今天,信息技术飞速发展,高校教学形式变得更加复杂,教学内容变得更加丰富,教学主体的差异性更加显著,等等。这就对教师所使用的教学模式提出了比较高的要求,要求在相关教学模式的使用下,教师不仅能将知识传授给学生,而且还能做好学生的引导者,利用各种可行的、高效的手段引导学生,使其能对学习中,甚至生活中存在的问题进行合理的思考。尤其是在实践教学体系中,学生是实践教学的主体,教师在其中仅仅扮演着引导者、组织者的角色,引导学生可以将课堂上的所学应用在实践中,以提升其技能水平。基于此,必须对教学模式予以创新,构建教学模式体系,用多样的教学模式应对教学中的各种可能局面。

教育在人类社会发展中发挥的作用十分显著,而教学是教育落实的载体,同时也是教育发展的必然路径,是高校达成育人目标的重要手段。高等教育要发展,必须围绕高校人才目标,必须加强教学质量保障体系建设。在当前高等教育改革不断深化的背景下,高校人才培养的方向应该确立为重理想、重素质、重能力发展,而要保持这一方向的准确性与坚定性,则应该构建完善的教学质量保障体系,充分发挥这一体系的监督、调控与激励作用,进而使高校教学的质量能得到保证,同时又能使大学生实现全面发展。

教学模式与教学质量是挂钩的,高效、科学的教学模式能促进教学质量的提高。因此,在关注教学模式体系构建问题的同时,也应该重视高校教学质量保障体系的构建问题。双管齐下,高校教学质量必能实现新的提高。

基于教学模式创新与加强教学质量保障体系建设的重要性,作者在总结前人优秀研究成果以及自身丰富教学经验的基础上,对高校教学模式体系与教学质量保障体系构建问题进行了探究。本书共分为八章，主要从两个方面具体展开。第一，从高校教学模式体系构建方面来看，分析了高校教学现状与影响高校教学发展的因素，总结了基于现代教学理论的高校教学理念；初步构建了高校教学基本模式体系；介绍了高校实践教学的特点、内容、类型与目标，分析了高校实践教学存在的问题及原因，概括了高校实践教学体系建设的原则与策略；论述了互联网背景下高校教学模式问题。第二，从高校教学质量保障体系构建方面来看，介绍了高校教学质量与高校教学质量保障基础知识；指出了高校教学质量保障的关键——高校教学督导队伍建设、高校教学质量保障的重点——高校教学质量评估、高校教学质量保障的手段——高校教学质量监控。

　　教学模式有助于教学质量的提高，教学质量是高等教育事业发展的生命线，能促进高校质量保障体系的构建，能强化教师的教学质量意识，能充分凸显学生的主体性地位。因此，构建高校教学模式体系与教学质量保障体系是必要的，是重要的。作者对这一问题的探究给高校教学改革提出了合理的建议。不过，由于时间仓促以及作者水平有限，书中不少观点可能存在不当之处，恳请各位读者批评指正。

目 录

第一章 高校教学概述 …………………………………………………… 1
    第一节 高校教学现状分析 ………………………………………… 1
    第二节 影响高校教学发展的因素 ………………………………… 5
    第三节 基于现代教学理论的高校教学理念 ……………………… 10
    第四节 高校教学管理问题分析 …………………………………… 17

第二章 高校教学基本模式研究 ………………………………………… 23
    第一节 高校教学模式的选择 ……………………………………… 23
    第二节 小班讨论教学模式研究 …………………………………… 26
    第三节 参与式教学模式研究 ……………………………………… 32
    第四节 探究式教学研究 …………………………………………… 36
    第五节 任务型教学研究 …………………………………………… 40

第三章 高校实践教学研究 ……………………………………………… 45
    第一节 实践教学概述 ……………………………………………… 45
    第二节 高校实践教学的特点、内容、类型与目标 ……………… 51
    第三节 高校实践教学存在的问题及原因分析 …………………… 56
    第四节 高校实践教学体系建设的原则与策略 …………………… 59

第四章 互联网背景下高校教学模式研究 ……………………………… 67
    第一节 教育信息化时代来临 ……………………………………… 67
    第二节 翻转课堂教学模式研究 …………………………………… 70
    第三节 智慧课堂教学模式研究 …………………………………… 75
    第四节 慕课教学模式研究 ………………………………………… 81
    第五节 混合式教学研究 …………………………………………… 86

第五章 高校教学质量与高校教学质量保障概述 ……………………… 92
    第一节 提升高校教学质量的必要性分析 ………………………… 92

第二节　高等教育质量的概念辨析 …………………………………… 95
　　第三节　高校教学质量现状、问题和成因 …………………………… 98
　　第四节　高校教学质量标准及其建构 ………………………………… 103
　　第五节　高校教学质量保障基本问题阐释 …………………………… 108

第六章　高校教学质量保障的关键——高校教学督导队伍建设 ………… 115
　　第一节　高校教学督导工作概述 ……………………………………… 115
　　第二节　高校教学督导的使命与义务 ………………………………… 119
　　第三节　高校督导队伍建设的重要性与原则 ………………………… 127
　　第四节　加强高校教学督导队伍建设 ………………………………… 130

第七章　高校教学质量保障的重点——高校教学质量评估 ……………… 136
　　第一节　高校教学质量评估的变迁与展望 …………………………… 136
　　第二节　高校教学质量评估的依据和目的 …………………………… 142
　　第三节　高校教学质量评估的作用、内容与特征 …………………… 145
　　第四节　高校教学质量评估的方法与策略 …………………………… 150

第八章　高校教学质量保障的手段——高校教学质量监控 ……………… 158
　　第一节　教学质量监控概述 …………………………………………… 158
　　第二节　高校教学质量监控的要素、目标与原则 …………………… 162
　　第三节　高校教学质量监控的组织与制度体系建设 ………………… 170
　　第四节　高校教学质量监控的指标体系构建 ………………………… 175

参考文献 ……………………………………………………………………… 180

第一章 高校教学概述

教学是高校工作的核心，也是实现教学目标、保证教学质量的重要手段，在课堂教学中发挥着不可或缺的作用，它既可以体现教师在教学过程中的主导作用，又影响学生主体性的发挥和高校人才培养的质量。本章对高校教学基础问题进行了分析与探讨。

第一节 高校教学现状分析

一、从教学结构上分析

我国高校教学改革取得了一定的成绩，这种教学改革过于注重教学内容、教学手段和教学方法的改革，却忽视了更为根本的教学结构的改革。以多年来"以教师为中心"的教学结构为例，其特点是由教师通过讲授、板书以及教学媒体的辅助，把教学内容传递或者灌输给学生。在这一结构下，教师是主动的施教者，学生是被动的接受者即灌输对象，媒体辅助教师向学生灌输，教材则是灌输的内容，是学生知识的唯一来源。"以教师为中心"的教学结构，其中的四个要素（教师、学生、教材、媒体）就必定具有这种结构形式。这种教学结构有利于教师主导作用的发挥，有利于教师对课堂教学的组织、管理与控制。但是，它忽视了学生的主动性、创造性，不能把学生的主体作用很好地体现出来，难以达到理想的教学效果，更不可能培养出创造型人才。这就是传统的"以教师为中心"的教学结构的最大弊病。教学内容、教学手段和教学方法的改革固然重要，但如果整个教学活动的进程不进行改革，就等于教育思想、教学观念仍是老一套，即使内容、手段、方法等改革再先进，也无法达到教学培养创新人才的真正目的。

忽视教学结构的改革，主要因为教育理论界对于教学过程的研究存在误区，影响了整个教育界的教学改革目标和方向。教学过程是教师和学生双方共同活动所形成的过程。① 其中存在着教师的"教"与学生的"学"这样一对矛盾的对立统一体。学生的"学"，属于学习活动，应当遵循人类学习过程的认知规律。教师的"教"，属于教学活动，教学活动是一种旨在影响学习者内部心理过程的外部刺激。所以"教学活动必须与学习者内部心理过程相适应"。从"学"这个侧面来说，学习活动主要是认知活动；从"教"这个侧面来说，它是一种影响学习过程的外部条件。科学的提法是把"学"看成是认知过程（也包括情感过程），而把"教"看作是影响和促进"学"的一种外部条件。把"教"与"学"二者合在一起统称之为认知过程是不可取的、不科学的。这样，就必然认不清教学过程的本质，当然也就看不到"以教师为中心"教学结构的危害。我国的教育理论界正是因为存在上述误区，所以对教学结构问题一直没有给以足够的重视，教学改革也就始终未能击中要害，这就是多年来教学改革尽管做了大量工作却没有大突破的主要原因。

二、从教学模式上分析

我国传统的"以教师为中心"教学模式，长期统治我国各级各类学校的课程，抑制了具有创新思想和创新能力的创造型人才的成长。"以教师为中心"教学模式的心理学基础是行为主义，主张把个体的学习行为归结为个体适应外部环境的反应系统，认为学习的起因是对外部刺激的反应。由于这种理论在实际教学中潜移默化的影响，我国绝大多数学生逐渐养成一种不爱问、不想问"为什么"，也不知道要问"为什么"的麻木习惯，形成一种盲目崇拜："书本上的都是经典，老师讲的必定正确，对书本和老师都不能怀疑。"这种思想观念代代相传，不断强化，使学生的发散性思维、批判性思维被束缚和禁锢，冲破传统、藐视权威的新思想、新观念被贬斥、被扼杀，作为学习过程主体的学生其主动性无从发挥。这就等于根除了创新思想和创新能力赖以孕育、滋生和发展的土壤，创造型人才的培养就成了空中楼阁。人所共知，具有发散思维和敢于向权威挑战正是从事一切创造发明的重要前提。这就反映出我国当前教育制度、教育思想、教学观念和教学结构等方面存在的根本问题，是多年来培养出的绝大部分学生是知识记忆型人才，而非具有创新能力的人才的

---

① 王玮丽，常智勇. 对我国高校教学现状的分析 [J]. 教育与职业，2007 (14)：113.

原因。

尽管高校的教学改革已进行了多年，但从总体上看，目前大学的教学过程并没有真正摆脱传统教育模式的影响。按照素质教育的思想，教育的目的应是全面提高人的素质，要通过学校的各种教育，把对学生而言是外在的知识和感受内化为学生个人内在的、稳定的个性心理品质，从而为学生一生的发展提供良好的基础。在大学的教学过程中，传授必要的知识是重要的，但更重要的是使学生养成正确的学习方法和很强的自学能力，培养学生的科学精神和健全人格。而目前大学中，无论是培养模式还是教学过程，课堂教学还是实践教学，都没有真正体现这一精神。因此，对传统教育模式下形成的教学过程进行彻底地改造，真正做到素质教育与大学教学过程的融合是推进高校教学改革的关键。当然，做到这一点还存在很大的困难。观念上真正、彻底地改变不容易，要在实践中实施难度就更大了。同时，教师本身就是由传统教育模式培养出来的，加之多年教学工作养成的教学方式和方法，要改变很难。此外，还有政策、环境、条件、氛围等诸多因素的影响与制约。

三、从教育课程上分析

教育课程涉及的应该是基础性、综合性、有效性以及可迁移性都比较强的知识。只有这样，学生才能具备对今后快速变化社会的适应能力。一个人的动机、兴趣、情感、意志和性格等个性心理品质以及正确对待人与自然、人与人的关系等人文精神的培育，更要靠环境和氛围的熏陶，靠把人文精神的培养渗透到所有课程和实践环节的教学中去。从素质教育的角度看，基础能力应包括学生的学习能力和独立获取知识的能力；从终身教育的角度看，当今大学教育在人一生中的"基础性"更为明显。

四、从对大学生实践能力的培养上分析

大学生实践能力的培养日益受到人们的重视，因为实践是创新的基础。应该彻底改变传统教育模式下实践教学处于从属地位的状况。构建科学合理培养方案的一个重要任务是必须为学生构筑一个合理的实践能力体系，并从整体上策划每个实践教学环节。这种实践教学体系是与理论教学平行而又相互协调、相辅相成的。应尽可能为学生提供综合性、设计性、创造性比较强的实践环境，让每位学生经过多个这种实践环节的培养和训练，这不仅能培养学生扎实的基本技能与实践能力，而且对提高学生的综合素质大有好处。

五、从教学观念上分析

首先，受传统思想的影响，目前高校教师中的老教师和部分中年教师传统观念强，在课堂教学中习惯于占主导地位，在教学过程中，只是"灌溉式"的把课程内容传授给学生，学生也只是被动的，不动脑思考。这种重知识传授、轻能力培养的教学观念和方法，使师生之间很少互动，不利于学生主体性的发挥。其次，课堂教学中只重视传授知识，忽视学生的主体地位，不符合当今社会对人才培养的需求。[1]

六、从教学管理模式上分析

目前，很多高校在管理模式上存在问题，例如，一些高校的管理模式过于传统，要求课堂教学必须是固定场所、固定教室、固定课堂，否则视为教师缺课，甚至是教学事故，这样的管理模式，使得教师的教学创新方法受到束缚，既不利于教师教学创新的积极性，更不利于学生的自主学习。此外，一些高校还规定，教师上课一定要采取学生作为接受者学习的课堂教学方法，否则认为教师不够认真。高校不当的管理模式，不利于教师教学的创新。

七、从教学评价机制上分析

新一轮课程改革以来，目前，在教学评价上，我国课堂教学评价已经克服了传统教学评价的一些不足，也取得了很大效果。但是，根据评价效果来看，仍然存在很多问题。首先，"国家虽然建立了很多鼓励教师创新的政策，但高校对教师的考评机制尚不健全，在评价和考核教师的职称时，仅仅以科研能力和出版的文章及书籍作为参照，并未涉及任何关于教师的创新性方面的标准，从而导致教师队伍的创新积极性较低。"[2] 课堂教学评价是教学的重要环节，课堂教学评价作用的有效发挥，对于学生的成长、教师专业的发展及教育教学质量的整体提升都有着重要意义。其次，现行的课堂教学评价把注意力都集中在教师传授的知识上，不注重学生的学，在评价形式上强调教学进展是否妥当、教学环节是否明朗、教学内容是否紧跟课本，导致教师的教学方法和教学内容与学生的种种状况和需要脱节。此外，评价传统课堂时，只侧重于衡量教

---

[1] 李艳静. 高校教学存在的问题及改进措施 [J]. 西部素质教育, 2018, 4 (3): 150-151.
[2] 张建勋, 朱琳. 基于麦可思平台的课堂教学即时评价模型 [J]. 内蒙古师范大学学报（教育科学版）, 2017, 30 (12): 92-96.

师完成的教学目标和知识传授的情况,完全忽略了学生的主体性,不顾学生的学习效果。这导致教师为了获得较高的评价分数,而不顾教学效果,一味向学生灌输知识,这种教学方法是对学生情感、态度、价值观的极大扼杀。

第二节　影响高校教学发展的因素

一、影响高校教学发展的外部因素分析

（一）经济因素分析

任何社会形态的教育都受社会生产力的影响,而社会经济发展与生产力水平有着直接的关系,因此,社会经济从根本上对高等教育的各方面有着很大的影响。

首先,高等教育发展的规模和速度归根到底并不取决于社会的制度和人们的愿望,而是取决于社会生产力的发展,取决于社会经济发展的状况。高等教育需要大量的人力、物力和财力等社会资源,社会能为高等教育提供什么样的投入水平,主要是由社会经济水平决定的,是由当时的社会生产力决定的。社会提供的物资资源是直接关系到举办高等教育的物质基础,也直接关系到社会能为多少社会成员提供接受高等教育的机会与时间。总的来说,社会经济的发展与高等教育发展的规模与速度成正比,即社会经济水平越高的社会,接受高等教育的人数就越多,受教育的时间越长。因为,经济的发展为人们接受高等教育的需求提供了满足的可能性。

其次,经济社会发展的水平制约着人才培养的规格。社会在不同的经济发展阶段上,其生产力的科技含量和社会分工的水平及经济结构是不同的,对人才的基本规格也就会提出不同的要求,进而制约高等教育诸多方面的发展。在古代,社会生产对人才的要求很低,教育主要是各级各类的技术人才,对于生产和科技方面的知识并没什么要求。在机器大工业生产的资本主义社会,生产的技术性增强了,学校也重视社会生产方面的劳动管理者的科技人员的培养。随着社会生产力和社会经济的不断发展,人才培养的规格也发生了相应的变化。

再次,社会经济水平也制约着高等教育的结构。高等教育结构指的是高等

教育机构总体的各个部分的比例关系及组合方式，包括高等教育纵向系统的层次与层次之间的比例关系和相互衔接，以及高等教育横向系统的类别与类别之间的比例关系和相互的联系。从横向来看，高等教育包括学历教育与非学历教育；从纵向来看，高等教育包括专科教育、本科教育和研究生教育，其中研究生教育又可分为硕士研究生和博士研究生教育。从高等教育的性质来分，可分为普通高等教育和成人高等教育。社会经济的发展水平决定了高等教育中不同层次、不同专业、不同科类之间的比例关系的变化，否则就会导致人才培养的结构性失调，造成一些层次和类型的人才供不应求，而另一些层次和类型的人才供过于求。[1]

最后，经济发展水平影响着高等教育的普及程度及高等教育投资的力度。我国是一个发展中国家，经济发展水平还不高，同发达国家相比较，还属于教育欠发达国家。就高等教育而言，目前我国高等教育已步入大众化阶段，但与美国、日本等发达国家的高等教育普及程度相差甚远。经济发展影响着高等教育投资力度。在高度集中的计划经济体制下所形成的高教经费由政府单一渠道投资。但随着经济体制改革的不断深入，我国高等教育投资体制也不断深化，逐渐形成了以政府投资为主、多渠道筹资的高等教育投资体系，加大了社会各界力量对高等教育投资的力度。

（二）文化因素分析

文化对高校教学发展的影响有的是直接的，有的是间接的。主要表现在两个方面：一是文化传统中所固有的"扩张性"，影响着高校教学发展的精英性或大众性；二是文化需要的发展趋势，文化本身要发展的内驱力，要使自己从纯粹的手段上升为自己的目的，总是不断从精英教育向大众教育、普及教育方向发展。如精英文化在高校教学初期阶段起了决定性的作用，大学首要培养目标是为统治阶级服务的政治家、受过良好教养的绅士等。因此，高校教学规模不可能，也不需要很大。大众文化使培养有责任的公民成为高等学校的首要目标，这一目标荡涤了传统高校教学的贵族色彩，转向大众高校教学。大众文化使得高校教学不仅规模有所扩大，而且更加灵活多样，我国高校教学目前正走向这一阶段；普及文化要求高校教学不仅在数量上扩大，而且在结构、形式、时间、空间等方面都有所改变，以满足公民终身教育、休闲教育等多方面的需要。随着高科技的发展和知识经济的来临，"开放大学"和"虚拟大学"等高

---

[1] 吴越，杜学元. 试论高等教育与经济发展 [J]. 生产力研究，2007（21）：76.

校教学组织，会以新的形式满足高校教学的需求。

（三）教育政策因素分析

教育政策一般是由政府部门制定的，是教育管理方法、管理手段的具体化。教育政策中如经费投资体制、评价和评估制度等，它们作为政策导向，引导着教育行为方式的选择，是高校教学内涵发展的重要因素。

我国高校教学发展规模和招生规模通常是按照人口增长与国家经济计划安排的比例和各类教育发展比例由上确定往下执行的，学校一般没有自主权。这种政策安排是计划经济的产物，在目前我国总体经济市场化程度已经不低的条件下，依旧选择这种政策必然与现存制度环境相冲突，有可能造成滞后性影响。从宏观看，可能引起总量上的结构性失调与局部性的过度教育而造成成本增加。由于理性和信息的有限性等原因，短期盲目扩招有可能造成长期隐患，政府有计划的扩招行为与未来市场需求能否合辙，还很难判断。未来劳动力的就业结构主要取决于产业结构和技术结构，现有人才培养结构与未来产业结构的适应不仅影响就业结构，而且会因为对人才需求和理想标准的界定的不同，形成教育不足或教育过度。从微观看，我国高校教育经费根据"综合定额加专项补助"的办法进行核拨。这种拨款方式是以在校生作为唯一的政策参数，按生均经费拨款，完全以数量为依据，不与教育质量挂钩，也不权衡办学效益，只会刺激高校盲目扩大招生规模，以及追求学生层次（硕士、博士）的提高。这样的供给机制只会使学校的眼睛更往上瞧，而不会向市场看，最终学校在计划招生和拨款方式的政策安排下追求规模与层次得到的暂时收益会受市场检验，并会因人才培养规格和数量的不当而使未来收益递减。我国现行的教育评估中，也一直存在着偏重数量、不注意质量的倾向，如现在博士、硕士学位授权点已经成为评价高校办学实力和水平的重要指标，而学位点实际培养能力和培养质量都重视不够。又如，高校的科研实力和水平评估，均以科研经费数、成果鉴定数、获奖成果数、发表论文数和专利数等指标为依据，数量成为主要因素，忽视了论文的理论学术价值和成果转化为生产力实际效益等质量、效益因素。导致不少高校的年轻教师学风浮躁，急功近利，缺少进行基础理论研究的科学精神。科学研究不是企业生产，学术管理也不能企业化，人的精神创造管理也不能物质化。这说明教育政策对教育客体（高校）产生的激励作用和教育行为导向作用，及对整个高校教学发展的影响。

（四）科学技术因素分析

在现代科学技术日益广泛影响社会生活的情况下，科技的迅猛发展给教育发展带来前所未有的激发力。科学技术主要以思想观念和物质技术两种方式，直接或间接通过政治、经济制度以及文化传统的中介对高校教学施以作用。

第一，科学技术迅速发展对高校教学层次结构变化产生了影响，要求研究生教育层次的不断扩大。我国今后高校教学发展层次结构调整方向是稳步发展本科教育，改革学位制度，扩大研究生特别是博士研究生的培养规模。我想这也是适应科技发展的要求。

第二，高校教学在培养科技人员的数量和层次上要有适应性。科学技术的进步，必然有利于促进高校教学数量上的更大发展，特别是加入WTO以后，我们需要更多的高级职业技术人员，应该加强高等职业技术教育。

第三，科学手段在高校教学中的运用，极大地推动了高校教学事业的发展，提高了效益。如多形式地发展广播电视教学、网络学院等，正是在科技发展到一定水平条件下成为可能。科学技术的发展也为高校教学技术现代化和高校教学大众化的进一步发展提供了物质技术准备。

二、影响高校教学发展的内部因素分析

（一）运行机制因素分析

综观近几年我国高校教学机制改革的发展状况，虽然取得了很大的进展，但是还有很多的实质性问题急需解决。

目前，政府行政管理机构与高校之间的办学和管理职责权力关系尚未理顺，高校教学宏观体制改革和高校教学发展方式的转变之间还缺少必要的中介联系机制和配套运行的动态作用机制。结果一方面不得不沿用传统的直接行政干预的管理方式，另一方面则出现了管理权力真空。政府部门的管理职能和管理方式并没有发生真正的变革，高校权力的增加有时又意味着经费渠道和国家支持的减少。因此深化我国高校教学体制改革的当务之急和关键，就是要重新建立高校教学运行机制，这是有效提高办学活力和效益的根本途径。

现在高校都在进行体制改革，而衡量一个体制的好坏，看发展方式的优劣，不仅是看减少多少人员、提高了多少待遇，关键要看运行机制是否彻底发生变革、大家的积极性是否空前高涨、学校是否焕发青春、办学质量和办学效益是否突飞猛进。体制改革的关键也并不在于放权，而在于如何更好地行使管理权力和办学权力，同建立政府统筹规划、宏观管理、高校面向社会自主办学的新体制的改革目标相适应。目前必须建立三个方面的具体运行机制：一是主动适应社会需要的发展机制和自我积累调节机制；二是利益机制和竞争激励机

制;三是自我约束和保证质量机制。运行机制决定了高校教学内部管理过程状态和最终结果。通过全面的体制创新,优化结构,合理配置资源,在学校内部形成自我激励、自我竞争、自我约束、自我发展的运行机制,才能从根本上抑制盲目膨胀因素和片面发展观念的干扰和影响,才能真正摆脱大起大落的无序发展状态,进入健康有序的发展轨道。[1]

(二) 领导素质和管理能力因素分析

在高校教学科层制管理体制中,学校领导者以其决策、指挥、协调和监督职权而居于纵向链条的制高点,决定着一定时空中的办学方向和步调,是学校的灵魂。

高校教学的荣辱兴衰更加取决于领导者对新的现实的理解和接受。综观世界一流大学的发展历史,凡是学校发展较快、较好的时期,都有杰出校长的传世功绩。他们以其明确的办学思想和独到的教育理念,高瞻远瞩的战略眼光和矢志不渝的改革魄力去铸造世界一流大学的辉煌。长期以来,我国高校的校长多是上级行政部门任命委派,使得学校校长一职带有很大的官员性质;不然就是从本校学者中选拔走上领导岗位。所以他们常常缺乏足够教育理论和教育行政管理的锻炼与实际经验,管理难免带有片面性、盲目性。仅仅是教授和学者还不足以成为大学校长,他们还必须是出色的管理者、优秀的规划者、评价者、招募者、革新家、鼓动家和企业家。而良好的管理虽说不是取得高质量的充分条件,但却是一个必要条件,我们相信,低劣的管理是使高校教学不能进步的最根本的原因。如何提高管理者的素质和能力,还是一个亟待研究的课题。

(三) 高校发展战略定位因素分析

当前,我国不少高校对自身发展战略和目标的定位频繁修订、更改,给人们的印象是"计划跟不上变化"。如一大批大学将办学总体目标定位为建设成为国内一流、国际有重大影响的多学科大学,如此种种。我国大学的发展,最大的问题之一是缺少个性,几乎所有院校都追求高层次,重要原因之一是高校发展定位不准确。目前,我国大学有办学趋同化的趋势。在办学趋同化的浪潮中,最严重的是一般性院校,包括一些学科基础较为薄弱的地方院校,都一味

---

[1] 丛红艳,房玲玲. 高校教学改革与文化的融合创新研究 [M]. 长春:吉林人民出版社,2019:33.

追求高层次的研究生教育，向综合性大学看齐，走研究型大学的纯学术发展道路，而对自身的性质、特点、师资力量、办学设施等认识不够深刻，这样很容易导致学校陷入发展不明确的误区。

对于高等教育系统而言，尽管"它的规模可能要小于经济系统或政治系统，可是它的复杂程度却更加独特，更莫可名状"。影响我国高校教学发展的因素也是多方面、多层次、多方位的，而且有的是直接作用，有的是间接作用，到底说哪一个因素发挥的作用最大，是很难界定的。只有树立完整的、科学的发展观才能保证高校教学的可持续发展。

第三节 基于现代教学理论的高校教学理念

一、高校教学理念的定义与特点

（一）高校教学理念的定义

从已有教学理念的研究成果来看，教学理念概念界定比较有代表性的观点如下：有学者从教学理性认识的角度出发，认为教学理念是从先进的教学理论中演绎出来的有关教学活动的理性认识，是"教学应该怎样、为什么需要如此"的理想化认识，体现了教师对教学实践的价值期待及理想追求[1]。有学者从现实与超越的视角指出，教学理念不仅包括教师对教学问题的现实性认识，也包括教师对教学问题的前瞻性价值判断与结果选择[2]。有学者主张从教学规律的角度解读教学理念，指出教学理念是教师对教学与学习活动内在规律的认识，是教师对教学活动的看法以及所持有的基本态度与观念[3]。有学者从大学教师的维度指出，教学理念是指大学教师头脑中观念性地存在着的、关于学科教学和学生智慧发展等方面理论与信念的综合体，是指导教师教学实践活动的理论基础[4]。有学者从融合与统一的视角指出，教学理念就是教学观念和教学

---

[1] 段作章. 教学理念的内涵与特点探析 [J]. 教育导刊, 2011（11）：15-17.
[2] 王传金, 谢利民. 教学观念研究：何去何从 [J]. 教育理论与实践, 2006（7）：52-55.
[3] 孙亚玲, 傅淳. 教学理念辨析 [J]. 云南师范大学学报, 2004（4）：133-134.
[4] 赵国栋. 大学教学理念的形成及理论分析 [J]. 河北科技大学学报（社会科学版），2003（9）：7-11.

理想的一种融合,是主观和客观的一种融合,是认识和信念的一种融合,是思想和行为的一种融合,是事实判断和价值判断的一种融合[1]。有学者则从教学思维和教学价值观的角度出发,指出教学理念是关于教学的根本看法与思想,是教师对教学问题进行思维所获得的结果[2]。综上所述,学者们对教学理念概念的解读和界定,虽然存在着认识视角和侧重点的不同,但也反映了一些共同特点,即都主张把教学理念理解为教师对教学所做出的主观认识和价值判断,是教师对教学所表现出的态度与信念、期待与追求,是教师对教学所持有的思想与观念。

基于上述分析,笔者认为教学理念是高校教师在长期教学理论学习与教学实践反思基础上创造生成的、对教学活动价值及其本质规律的认识和判断。从本质上来说,教学理念体现了高校教师对"教学究竟是什么"以及"教学到底能够做什么"的理性思考,深刻反映了教师对教学的应然状态以及教学的理想状态的憧憬和向往,因而表现为一种指向教学实践活动的未来精神范式和理性品格。高校教学理念不同于教学观念,教学观念或者是以"非系统化"的方式呈现关于教学实践的感性认识,或者是以"意识形态"的方式呈现关于教学实践的理性认识,具有强烈的现实性色彩。高校教学理念也不同于教学理想,教学理想是教师对未来教学实践发展趋势的把握、想象和憧憬,它不仅具有鲜明的情感性特点,而且具有极为突出的信念性特征。高校教学理念处于教学观念和教学理想的联结点与关键点的位置:较之于教学观念,它往往弱化了现实性而更具信念性;较之于教学理想,它往往弱化了信念性而更具现实性。教学理念在高校教师的教学实践活动中发挥着方向性和主导性的价值作用,是更新教师教学行为的先导和灵魂。教学理念渗透和融入于高校教师的教学过程之中,不仅影响着教师对教学内容的讲解、对教学方法的运用以及对教学进程的调控,而且也影响着高校教师的教学态度及其对教学认知、情感和行为的投入程度,因而是高校教师教学成功的最深层支撑力量。

(二)高校教学理念的特点分析

教学理念作为一把标尺,对高校教师的教学实践加以评判和衡量,使高校教师知道教学过程中"何者能为"和"何者不能为";教学理念作为一种思想意识,能够超越高校教师个体思想与精神的存在,使其教学具有群体性意志的

---

[1] 彭钢. 支配与控制:教学理念与教学行为 [J]. 上海教育科研, 2002 (11): 20-25.
[2] 杨启亮. 转变教学观念的问题与思考 [J]. 教育科学, 2000 (2): 17-20.

支撑；教学理念作为一种理性力量，使高校教师以某种特定而有效的方式调控教学活动，制约着高校教师教学的流程及水平。由此，可以从以下几个方面对高校教学理念的特点展开分析。

1. 教学理念的超越性

高校教学作为一种"人为的"、"为人的"和"由人的"社会实践活动，其根本旨归是指向未来的，是为未来培养高素质、应用型和创新型人才的。高校教学活动未来指向性的这一根本特点，必然要求教学理念不能只停留于对教学实然状态的分析与反映，而是在此基础上对教学活动应然状态加以思考和判断。也就是说，高校教学理念既要立足于教学现实和反映教学现实，又要超越教学现实、规划未来教学和描绘教学理想，因而具有突出的超越性特征。

2. 教学理念的发展性

影响高校教师教学理念形成的因素十分复杂，既有来自科技进步、时代变迁和经济社会发展的因素，也有来自高等教育理论发展和教学实践变革的因素，当然还有来自高校教师的教育哲学、教学价值观、教学需要和成就动机的因素。这就决定了高校教学理念绝不是什么先验之物，也不是自发形成的，更不可能是一成不变的，而是随着上述多种因素的发展变化而处于经常更新与转变之中的。发展和变化不仅是事物的普遍属性，也是事物存在的基本形式。高校教师教学理念正因为具有了发展性特征，才更能彰显其所具有的时代气息和生命活力。

3. 教学理念的稳定性

高校教学理念一经形成，就会自觉发挥其对教学实践的积极指导价值，就会促使高校教师理解、体验、积累和形成良好的教学经验，在教学实践活动中获得强烈的教学幸福感与深刻的教学成就体验，并会使教师更加坚信自身所具有的教学理念的正确性和先进性，从而形成和确立从事教学活动的坚定信念。信念是高校教师理性认识与意志品质紧密结合的产物。教学理念一旦转化为高校教师的教学信念，就具有了良好的稳定性特征，使教师在任何教学情境下都会自觉地以教学理念支配其自身的教学行为。

4. 教学理念的个体性

任何高校教学理念的生成，都需要澄清以下三个基本问题：理想的教学应该达成什么样的结果、理想的教学活动的过程是什么、采用何种概念和术语对教学理念加以表达。教学实践活动中，任何一个高校教师都必须对上述基本问题进行求索和回答，当然由于高校教师的理论素养和实践经验的差异，他们的求索和回答不可能千篇一律，而总是表现出强烈的个性化色彩。也就是说，高校教学理念无论是处于萌芽和孕育阶段，还是处于创造和形成阶段，都深深地打上了鲜明的高校教师的个性化"烙印",具有极为突出的个体性特征。

5. 教学理念的多样性

受文化传统、教学哲学观和教学价值观的影响,高校教学理念在表现出个体性特征的同时,也展现出多样性和多层次化的特征。如基于高校教学与人的关系的价值判断,形成了人本教学理念、主体教学理念等;基于"主体间性"哲学的思考,形成了交往教学理念、对话教学理念、理解教学理念等;基于对人的生命的关注,形成了生命教学理念、体验教学理念、生态教学理念等。高校教学理念的多样性,为高校教师的教学实践带来了多种可供选择的思想观念,这将十分有助于其寻找和确定通向教学成功的便捷之路。

二、基于现代教学理论的高校教学理念总结

(一) 建构主义教学理念

1. 建构主义概述

建构主义有多个派别,尽管它们关注和研究的重点各异,但他们关于教育和教学的许多主张是一致的。我们可以从知识观、教学活动观、师生观等几个方面来解读建构主义教学思想。

(1) 知识观

建构主义认为,知识不是对现实的纯粹客观的反映,它只是一种解释、一种假设,它并不是问题的最终答案。[①] 知识不可能以实体的形式存在于个体之外,而是产生于人与环境的交互作用,是人对世界的理解和意义建构的结果。传统观念认为,知识是外在于学习者的人类认识成果,而且是对世界的正确认识,是客观的、正确的、普遍的、远离价值与意义的,一旦产生便以实体的形式存在于认识主体之外,是可以积累、分割并以现成方式传递于他人的。

在建构主义看来,这是把知识简单化、绝对化了。科学知识包含真理性,但不是绝对正确的最终答案,它只是对现实的一种更可能正确的解释,书本知识只是一种关于各种现象的较为可靠的假设,而不是解释现实的"模板"。更重要的是,知识在被个体接受之前,它对个体来说是毫无意义的,不能把知识作为预先决定了的东西教给学生,不能用科学家、教师、课本的权威来压服学生。学生的学习不仅是对新知识的理解,而且是对新知识的分析、检验和批判。学生对知识的"接受"只能依靠他自己的建构来完成。

---

① 王建忠,姚军. 建构主义与我国高校教学理念的转变 [J]. 石油教育,2009 (2):59.

（2）教学活动观

建构主义认为，理想的教学活动应当包括情境、协作、交流和意义建构四个要素。建构主义强调将学习者置身于真实而复杂的任务情境中，让学习者在自然状态下、在具体的实践活动中去探索、理解、建构、发现与创造，致力于教学环境和自然情境的融合。教学不能无视学习者的已有知识经验，简单强硬地从外部对学习者实施知识的灌输，而是应当把学习者原有的知识经验作为新知识的生长点，引导学习者从原有的知识经验中，建构新的知识经验。学习是由学生自己建构知识的过程，这种建构是无法由他人来代替的。

（3）师生观

在建构主义教学理论框架与教学实践中，师生的身份、地位及教学中的人际关系也相应地发生了实质性的变化。建构主义强调在教师指导下的、以学生为中心的学习，也就是说，既强调学生的认知主体作用，又不忽视教师的指导作用。教学应当充分发挥学生主观能动性，强调学生对知识的主动探索、主动发现和对所学知识意义的主动建构。学生不再是知识的被动接受者，而是真正意义上的学习者、主动的建构者、自我发展的主体。"人有一种使自己成为有能力和有效力的持续的内驱力"，学生的主体性是与生俱来的，并不是外界什么人给予的，在学习活动中学生本人便是自己知识的建构人。教师是学习环境的创造者、策划者，是学生学习的促进者、"学习者共同体"内的"高级伙伴"、学习活动的协调者与合作者。

2. 建构主义对转变高校教学理念的启示

"教学改革，理念先行"。新形势下我国的高等教育，应该从新的教育、教学理念出发深化改革，主动迎接知识经济和经济全球化的挑战，培养和谐发展、可持续发展的新型人才，使其具有全球意识、创新精神与实践能力。建构主义教学理念是值得我国高校提倡的先进教学理念，以建构主义为指导，我们认为转变教学理念应当要从以下几个方面着手。

（1）课程设置要从简单化向复杂化转变

课程与教学是不可分割的，对课程的不同理解直接影响教学活动的开展。从这个意义上说，课程理念也是教学理念的一个重要方面。

首先，知识是高校课程的基础，但是，高校课程不简单地等同于知识。知识进入高校课程的目的在于使"下一代"进一步去探索知识、发展知识、创新知识。所以，高校课程不可拘泥于现有知识体系，需要强调知识的多样性、动态性与开放性。

其次，课程不是外在于人的客体，不是用来实现教育目的的工具，其目标与过程都在于人本身。高校课程必须充分考虑学生的学习需要，最大限度地发挥学生的主体意识和能动作用，以学生为本，充分尊重学生的差异性和自身发展的需要。要意识到课程不是完全预设的固定"文本"。"文本"只是课程的要素之一，课程更应该是一个动态的、开放的、创生的过程。比如在课堂上不同情感、信念、价值观之间发生碰撞所产生的对心灵的触动；多种来源、各种形式的知识经验交汇所引发的超越知识本身的感悟与发现。这些最宝贵的东西在过程之中常常是始料未及的，只是在师生、生生针对具体问题的互动过程中产生。所以，真实的课程是基于教室里所发生的一切而开发出来的。

最后，高校课程观必须走出分科课程观的狭窄视野，要充分认识综合课程的作用和意义及其在高校课程体系中的重要地位。在课程设置上，打破传统的专业教育以单一的学科类课程为主的封闭模式，加强文、理、工之间的渗透，促进各学科专业之间的高度融合，走课程综合化发展之路。综合化不是简单的加法，它所追求的是整体大于部分之和的功效，为此寻求若干相关学科的相似性，形成跨学科课程。只有这样，我国的高校教学改革才能触及现行高校课程体系的深层次矛盾和冲突，而不只是在知识的表层上加以遴选。

（2）教学活动要充分体现建构主义理念

大学生不应该被简单地视为知识的被动接受者，他们是教学的主体、自我教育与发展的主体，是知识的主动建构者和探索者。大学生有着相当惊人的知识建构能力以及创新知识的潜力。在信息技术高度发达、具体知识信息触手可及的今天，大学生需要的不是来自教师的知识传递，而是高屋建瓴的思想启发。因而，高校教师的任务不仅仅是传授知识，而是研究并帮助学生，激励和启发学生，让学生掌握自我发展的主动权。高校教师要着眼于培养自主发展的创新型人才，要充分调动各种教学信息资源，为学生构筑良好的学习环境，帮助学生实现知识意义的有效建构。

"授人以鱼不如授人以渔"，这是我国古人对教学过程本质的深刻洞悉。它表明学习原本不是从教师那里或从书本上获得现成的知识，而是一种在实践过程中自悟自得的过程。如今建构主义则明确提出教学是师生之间、生生之间的"对话"与"协商"过程，让学生在人际互动与协作中完成个体的知识意义建构，尤其重视生生之间的互动协作对个体建构的意义，主张将学生置于真实、复杂的任务情境中，给学生自主探索以广阔的空间，这些对于当前我国高校教学改革具有深远而又现实的意义。

事实上，高校课堂上教师讲授的大多数内容完全可以以任务或课题荷载的方式交给学生，教师的任务在于帮助学生实现自主建构与创新。高校教师要从亲力亲为的知识讲解中解脱出来，去思考和研究那些更具教育意蕴的问题，去关注那些把学生引向深入和持久的东西。所以，基于问题的学习、小组合作学习、参与式学习、情境教学、支架式教学、研究性学习等以学习为中心、强调学生高度参与的教学模式在高校教学中是具有相当的应用、推广和实践研究价值的。

（3）教学管理与效果评价应切实贯彻人本主义宗旨

以人为本就是以人为尊，以人为重，以人为先。人既是发展的主角，又是发展的终极目标。教育应该使每个人都能发现、发挥和加强自己的创造潜力，挖掘出潜藏在每个人身上的财富。当前高校教学管理，应从以控制手段为主、以维持秩序为目的的传统理念，转向以师生为服务对象，以最大限度地激活人的主体积极性和创造性为宗旨的人本主义管理理念。高校师生尤其是学生应该成为高等教育改革的主要参与者，高校学生应广泛参与有关高等教育问题的讨论，参与评估，参与课程教学的改革以及学校的管理工作。

在效果评价方面，要加大对学生学习过程、学习方法、创新精神与实践能力等方面的评价力度，突出大学生学习的自觉性、探究性等特点，改变以学科知识考试成绩为核心的静态的学生学习效果评价标准，构建一个以创新能力为核心的综合的动态的效果评价体系。在评价过程中要考虑到不同群体及个人的知识经验、生活环境、文化背景等因素差异，用发展的眼光来看待学生的潜在优势和整体进步，评价要以促进学生的发展为目的。

（二）"以学生为中心"的教学理念

"以学生为中心"，即以学生的学习和发展为中心，是指学校基于学生的学习能力和发展需求而开展各项教育教学活动。[1]

在今天，"以学生为中心"的教育理念已然成为一种国际性的大潮流，它不仅受到联合国教科文组织倡导，而且是发达国家高等教育改革发展的基本经验，我国政府也在大力提倡"以学生为中心"理论，并得到学界有力回应，从而成为我国高校改革的主流趋势，似乎"学生中心主义"的时代已然来临。[2] 但高校如何在教学改革中真正落实"以学生为中心"思想却面临着诸多难题。说到底，这与人们对"以学生为中心"理念认识不清有关，也与人们内心深处存在的"以教师为中心"的情结有关。

毋庸置疑，"以学生为中心"开展教学改革，是对"以教师为中心"的教

---

[1] 赵祥辉. 高校"以学生为中心"教学改革理念：意义、困境与出路 [J]. 中国高等教育评论，2020（2）：55.
[2] 王洪才. 何谓"学生中心主义"？ [J]. 大学教育科学，2014（6）：62-66.

学理念的直接挑战，但在实践中也必须解决如何对待教师在选择知识、组织教学和教学评价上的主导地位问题。"以学生为中心"绝不是要求教师一切围绕学生转，而是在发挥教师主动性基础上充分满足学生发展需要。"以学生为中心"的教学改革理念，强调尊重学生个性，要求教学组织不能简单化、一刀切，要注重学生的兴趣培养，赋予学生更大的选择权，避免教学变成"强制的灌输"，落入"储蓄式教育"的窠臼。换言之，"以学生为中心"教学改革理念的真义是以学生的需求和成才为中心，激发学生内心向学的积极性，从而形塑成一种文化氛围和价值追求。具体而言，就是要重视学生的兴趣与爱好，运用多元化、个性化的教学方法，注重学生对知识的自我建构，通过研究性学习，使课堂学习与课外实践有机结合起来，同时通过过程性评价和综合性评价，促进学生更大程度发展。这些价值取向，正是"以学生为中心"教学改革理念的意蕴所在。

第四节　高校教学管理问题分析

一、高校教学管理的内涵解读

（一）高校教学管理的定义

教学管理是对学校教学过程中各基本要素及其相互关系的组织、协调、服务、监控，以优化教学资源，有效实现教学目标的活动。

高等学校的教学管理是对教学资源及其要素，包括人、财、物、信息、时间、空间的管理，同时包括教务行政、教学运行、教学设施手段、师资队伍、教材建设、教学质量等各教学职能范围的系统管理。[1]

（二）高校教学管理的特点

1. 规范化
（1）进一步完善教学管理体系
高校教学管理体系是在校党委和主管校长的具体领导下，以教务处为操作

---

[1] 孙连京. 高校教学管理理论与实践 [M]. 南昌：江西高校出版社，2019：1.

中心，以二级学院或系部为具体的运作对象，经由统一的安排，有秩序实施各种教育教学活动，完成既定教学任务的有机统一体。完善的教学管理体系是教学工作顺利进行的保证。在目前的高校教学管理中，教学的决策权过分集中于学校一级，院系一级缺乏相应的灵活性和活力。这就造成了校、院两级管理的职责和权力不匹配，职责分工不明确的后果。所以，要进一步加强和完善教学管理体系，建立一个职责和权力清晰明确，职权相应的组织机构，并在此基础上确保和提高教学管理效果。同时，在加强和完善管理体系的时候，要真正体现以学生为本、以教学服务为本的基本指导思想，予以教学管理真正的弹性，使二级院系部门能够匹配相应的权力，成为教学管理的重心，构建以服从教学和服务教学为特征的新的教学管理体系。

（2）落实教学管理规章制度

只有"建立健全的教学规章制度，才能为教学管理的规范化运作提供有力的制度保障"，在落实教学管理规章制度的时候，我们要认识到：首先，教学管理工作的基础是各类教学文件，文件一旦制定、形成，就必须认真严格执行；其次，教学管理工作核心是对教学管理规章制度的有效遵守，例如教学计划，它是学校保证教学质量和确定人才培养规格的重要文件，具有很强的纲领性，因此在教学过程中，一定要严格执行，不得随意改动，而对教学管理中的各级各类人员，都要明确各自相应的职责，建立健全的岗位责任制，保证和促进教学质量的提高；另外，遵守教学管理规章制度，是"有章可依，有法必依"的具体体现，只有严格按照章程办事，才能真正体现教学管理的规范性。

（3）运行有效的质量监控和评价体系

首先，应该建立合理的教学督导机制。督导机制具有"监督"和"指导"的双重作用，教学督导组通过全方位对教学过程进行监督检查，可以及时发现教学过程中的问题，并在第一时间进行反馈和处理，指导一线教师和教学参与者进行教学改革，提高高校教学质量。同时，教学督导的结果和效果可以为教学评价提供权威的第一手的资料以及事实依据。另外，应该制定科学合理的评价方式和评价体系，公开、公平、公正地对教学水平进行评价。

2. 科学化

（1）采用先进现代的管理方法——目标管理

作为现代管理方法中非常重要的一种方式，目标管理可以有效地应用到高校教学管理过程中。目标管理应用在教学管理中，可以分成三个阶段。首先，通过上下结合、相互探讨、群策群力的方式，制定出合理的教学目标并将之量化。在教学目标量化的过程中，要"以人为本"，使教学工作的执行者既可以明确自己的职责范围，尽心尽力，又不会打击教师教学过程中的积极性，使其充分发挥自己的聪明才智。然后，将量化后的工作目标转交至执行者，由执行者自我管理，这样可以充分尊重执行者的意愿，发挥其能力，使教学目标能够有效达成。最后，要根据教学目标进行科学、客观、公正的评估，并将评估的结果进行汇总，找出目标制定和目标实施过程中的不足和缺点，并在下一步的管理工作中予以克服。

（2）充分利用计算机等信息化技术手段

因为现代高校规模愈加庞大，在教学管理过程中收集的数据也越来越多，只靠人工的处理和分析，显然不能适应高校教学管理的新形势，所以，必须借助现代的管理工具、分析软件等，将管理中产生的大量信息科学地分析处理，并为以后正确的决策提供可靠的数据支持。

3. 精细化

（1）首先要坚持"以人为本"

高校教育说到底是人的教育。与企业的流水线不同，高校教育的"产品"是一个个性格鲜明的人。正是这种高校教育"产品"的特殊性，决定了高校教学管理一定要"以人为本"，具体来说，高校的教学管理要坚持以服务教师和学生为本。高校的管理有自己的特点，如管理相对松散、自由性较大等，这就需要在进行教学管理的时候，既要有原则性，又要考虑到实际情况。例如，在制定课表、安排考试、反馈评教的时候，要充分考虑到教师的年龄、性别、具体情况，统筹安排，既要完成管理任务，又要照顾到教师的具体困难，这样才能形成良好的管理氛围。这种注重细节和对象感受的管理，就是"以人为本"的精细化管理。

（2）精细化管理不是其他管理方式的简单抄袭

精细化管理以具体明确的规章、制度约束教学实施者的行为，强化了管理责任的落实。但应注意，凡事过犹不及，管理操作得过于细致、死板，就会事倍功半，甚至完全背离管理初衷。因此，高校的精细化管理要戒除烦琐，防止盲目地追求"巨细无遗"，避免把简单的问题复杂化。高校作为一个各个学科大融合的地方，其内部本身就有很大的差异性。如教师的科研工作就有文和理、动和静、社会调查和室内实验等的区分，制定过于刚性的管理制度，忽视、不区分不同学科之间的巨大差异，将教师工作考核以同一把尺子衡量，本身就不是科学的工作方法。因此，精细化管理不等同于简单的数量管理，而是要充分考虑具体情况，最终目的是将责任具体化、明确化，从而提高管理的有效性。

二、高校面临的教学管理问题

(一) 教学管理的行政权力和学术权力出现了不均衡的情况

目前，高校普遍存在教学管理行政权力过大而学术权力较小的情况，这种传统的教学管理模式对学术事物的干涉过多，导致行政人员与学术人员的冲突和对立，并且将管理重点仅放在使学生行为、教学活动规范化方面，无法有效开展学术创新和学术研究活动，在一定程度上影响了教学质量的提高。

(二) 教学管理理念比较陈旧

高校在开展教学管理工作过程中，管理理念发挥着核心引导作用，随着教学形势的不断发展，传统的教学管理理念已经跟不上时代发展需要。一些高校对于教学管理工作缺乏正确的认知，没有基于整体角度全面规划教学管理工作，片面认为师生是影响教学质量的原因，并未设置针对性较强的教学管理部门，且现有管理部门的管理能力、学术基础也有所欠缺，影响了教学改革工作的深入开展。再者，当前处在信息化时代背景下，互联网技术未能有效运用到一些高校教学管理领域中。因此，高校教学管理者需要转变和更新教学管理理念，提高管理效率。

(三) 教学管理工作团队能力不强

教学管理工作团队作为开展和落实教学管理工作的主体，其专业能力极为关键，但是很多高校的教学管理工作者配备不足、管理人员的任务量较大，经常会出现一位教学管理人员肩负多项工作任务的状况，这在一定程度上会降低教学管理工作质量。高校大多数教学管理人员并未经过专业化培训就上岗，不仅缺少专业基础知识，还缺乏丰富工作经验，只能按照特定模板开展教学管理工作，无法结合实际状况调整管理策略。

(四) 教学管理方式相对单一

很多高校的教学管理工作未采用科学、合理的方式开展工作，无法保障教学管理工作质量。一些高校也没有设定明确的教学管理目标，在实际管理过程中所采用的教学管理方式也相对单一，未结合管理内容将不同的教学管理方式进行整合，没有发挥多种教学管理方式的优势，阻碍了教学管理工作的有效开展。

三、教学管理改革策略

（一）创新教学管理理念

高校要结合时代发展需求更新传统教学管理理念，确立明确的教学管理目标及改革方向，制定教学管理原则，使教学管理工作更加规范化和系统化。[①] 为了确保教学管理工作质量，高校要对教学管理各项工作的责任和权利进一步明确，结合高校实际教学情况、学科特色及教学结构等方面内容，构建与高校教学相符的教学管理模式，选择针对性较强的教学管理手段。对于不同教学管理工作内容进行科学分工，学工管理部门、教学部门和教师等形成合力，推动教学管理工作得以有条不紊地开展和落实。

（二）对教学管理体系予以完善

高校要依据先进的教学管理理念和教育管理理论构建完善的教学管理体系，并在实际教学管理工作的过程中不断总结经验，推动高校持续发展。高校构建的教学管理体系要紧紧围绕培养目标，根据相关制度实施管理活动，严格约束教学管理人员行为，从而规范化和科学化落实教学管理工作。完善教学管理体系不仅要制定教学管理制度，还要构建相应的教学管理监督体系，通过监督和管理教学管理活动及时发现存在的问题并进行针对性处理。

（三）提升教学管理队伍的专业能力

作为开展教学管理工作的主体，教学管理队伍的综合素质和能力直接影响教学管理成效，因此高校要注重对教学管理工作者能力的培养。一方面，高校可以面向教学管理工作人员开展再教育和培训工作，端正教学管理工作者的思想认识，使他们明确自身承担的职责，鼓励他们不断学习新的教学管理理念和管理方式，进一步提高教学管理能力；另一方面，高校要引入激励机制，包括教学评估、教学成果、评先评优等方面，积极引导教学管理人员投入教学管理工作中，激发教学管理工作者的工作热情和积极性。此外，高校可通过引进专业教学管理人才方式，也可通过"以老带新"方式，使教学管理队伍结构更加科学，全面增强教学管理队伍的业务能力。教学管理工作者也要不断进行自

---

① 黄红卫. 高校教学管理存在的问题及改革策略 [J]. 郑州铁路职业技术学院学报, 2021, 33 (4): 104.

我完善，在拥有扎实教学管理知识的基础上，不断学习办公软件、在线监控等全新的管理技术，摆脱传统教学管理模式的约束，更好适应高校教学管理工作发展需求。同时，教学管理人员也要拥有良好的创新意识，为更好开展教学管理工作提供参考意见，全面履行教学管理工作职责。

（四）促进教学管理方式的多元化

高校要构建立体化和多元化的教学管理模式，使教学管理方式和手段更加丰富和多样化，进一步提高教学管理工作灵活性及教学管理水平。高校可以依托校园网络平台，针对不同管理部门研发相应的教务管理软件，开展智能化和高效化教学管理工作。同时，依托网络平台这一载体，将教学管理工作者与被管理人员进行整合，打造出"点对面"的全新教学管理格局，进一步优化和调整教学管理工作。

第二章　高校教学基本模式研究

课堂教学的效果以及效率会直接受到课堂教学模式的影响，因此，如何选择好课堂教学模式一直以来是教育教学领域重点关注的问题。古今中外课堂教学的模式很多，所以教师面临着一个重要又困难的问题，就是如何选择合适的教学模式。教师在考虑到教学模式自身因素、学科特点、教学内容、学生情况，教师本身素质和个性等因素的同时，需要优化组合多种教学，从而形成一种新的教学模式，将其应用在课堂教学中发挥出自身作用，提升教学效果的同时，构建出高效课堂。

第一节　高校教学模式的选择

一、选择高校教学模式的原则

（一）重视对学生探究和创新精神的培养

重视培养学生的探究精神和创新精神是现代教育的重要思想，也是世界各国教学模式改革的一个重点和趋势。创新教学强调问题是新理论、新技术产生的基础，是知识转化为能力和知识的潜在价值转化为现实价值的桥梁。培养学生的探究精神和创新精神不仅要改革课堂教学模式，同时要在教学过程中注入启发式的教学思想，还应建立与之相适应的考核方式。在加强理论课教学的时候，更重视实验课的教学。

要培养学生形成问题意识，综合利用知识，以灵活创新的思维活动、求实创新的实践活动去尝试错误、克服困难、解决问题的能力；应该重视学生参与科研的程度，使学生掌握科研的基本知识，培养学生的研究兴趣，提高研究意识与研究能力，为日后的科学研究打下扎实的基础。

在课堂上，教师也积极鼓励学生形成问题意识，进行批判思维。教给学生正确的观点、意见或证据，并做出自己的判断或决定，将大大有助于学生获取真知。主张用组合技巧，如推理、假设、求证等帮助学生思考。教师鼓励学生能提出问题，尤其是提出新的见解，鼓励学生超过教师。对有突出表现的学生，往往可以得到教师特殊的指导和教师为其提供的较好学习条件。

在实验教学中，教师对设备、仪器的使用一般不作详细介绍，而是由学生自己从实验设备说明书中去了解掌握使用方法。教师鼓励学生在合理操作的条件下，去接触、摸索、调试和使用各种设备、仪器，而不是怕出问题。教师认为只有"逼"学生自己动手，学生才敢于动手、善于实践，真正熟悉、掌握教学所要求的东西。这十分有利于学生动手意识和能力的培养，同时使学生的创造自由度得到充分的发挥。这种可以发挥学生创造力的教学模式必然会激发学生的学习兴趣。

（二）重视对学生的个性化教学

现代教育教学发展的一个突出特点是更强调不同个体的个性特征和认识特点，注重因材施教。各国的教育都主张教学方式多样，认为如果只用同样的教学内容和方式来教学，就会抹杀个体差异，限制个体发展。因此，课堂教学不需要强求教学内容和过程的统一性，应当由每个教师各自独立地组织教学，发挥各自的教学特色，教学氛围一般较为随意和开放。在教学过程中，教师应该十分重视并采用"启发式"教学、"讨论式"教学和"分层次"教学。

二、选择高校教学模式的方法

（一）树立以学生为本的教学思想，突出学生的主体性

学生的主体性指的是学生在教学活动中具有主体地位的属性，实际开展高校课堂教学时，逐渐增强学生的探索性以及独立性是较为重要的内容。由于每个学生在个性、智力、生长环境以及后天影响等方面均存在较大的不同，因此，在教学模式选择时，应做到因材施教，关注学生个体间存在的差异，开展差异性教学。此外，教师还应该基于以生为本原则，进行教学模式的选择，尊重学生的个性特点，突出学生学习的主体性，给学生足够的思考、讨论以及表现时间及空间。不仅仅是关注学生有没有学会，而是要重点放在学生学会学习

上，指导学生学会学习的方法。重点培养学生自主学习的习惯及能力，提供给学生自主学习和思考的舞台。

1. 引导学生归纳总结

通过联想对比以及思维图总结的方式了解这些教学模式的相同点以及不同点，并对其进行横向以及纵向的归纳总结，选择出最佳的教学模式帮助学生更好地掌握知识，提升教学效果。

2. 使学生自己寻找课堂重点

在课堂教学中往往是教师告诉学生重点是什么，学生只能被动接受。所谓的以生为本，实际上是让学生自行思考，主动找到学习的重点及方法，解决学习中的问题。因此，教师选择教学模式时，应选择可以帮助学生实现主动思考的教学模式，如课堂讨论等。

3. 让学生发现新旧知识结合点

教师要引导学生从旧的内容中得到启发，悟出新的知识来，不只是传授新知识，科学指导学生构建知识要点图、发现新旧知识结合点、绘制单元知识树，做到融会贯通。

(二) 根据课程特点灵活运用不同的教学模式

1. 讲义公开方法

相对较简单的课程可采用此法。要根据学科内容，择其精华部分，突出重点部分来公开讲义。若想达到较好的教学效果，需要学生在课程开始前对所学进行预习，了解将要学习的内容及重点，以便于提升学习有效性，并且，教师在完成知识点的讲解后，为验证学生是否学会，还应进行点名提问，从而找出学生学习的不足之处，及时加以完善。

2. 精品觅食方法

精品觅食法就是在每学期初为学生提供一个详细的读书单、实际的教学环节，学生需要进行分类阅读，从而达到提升学生独立工作能力及自学能力的目的，各学科课程均可采用。

3. 激发想象方法

要求学生将个人与社会共情，有丰富的想象力，教师可以巧设疑问或运用多媒体引导等方法，使学生迸发想象力，引导他们完成学习任务，获得创造性成果。

4. 逆向思维方法

教师应鼓励并引导学生大胆说出自己的疑惑及想法，使学生明白问题的正确答案并不是单一性的。也可以假设出问题的正确答案,让学生通过逆向思维的方式推导出所要具备的条件。若学生提出的条件最终无法得到这一结果,则需要学生重新思考,选择其他方式找出该问题需要具备的条件。

5. 观点烹调方法

有些课程对学生的思考及论证较为重视,这是则可以选择观点烹调法开展实际的教学活动。这种方法是指教师将案例印发给学生,教师在课堂上将情况向学生进行简单介绍,随后要求学生认真阅读,并发言讨论,最终教师针对学生发言做出点评,并计分考核。

通过灵活运用各种教学模式,努力打造一流课堂。一流课堂的核心理念是促进学生更好更快地发展。使课堂教学更好更快发展,一是要做到健康发展。教学效果的提升不能以牺牲学生的身心健康为代价。二是全面发展和优质发展。一流课堂就是要培养学生的学科素养和创新思维。学科素养的核心是学科的基本概念和思想方法。如果只停留在知识的单向传授和机械训练上,讲授的只是单纯的"学科"知识,而不去关注学科内在的逻辑关系,不去带领学生发现学科知识背后的概念和方法,只能导致学生学习效果的低下或者无效。一流课堂的构建,应当回归"教学生学"的本质,指导学生解决"学什么"和"怎么学"的问题。提高教学质量,关键在课堂,素质教育的主阵地是课堂教学,教师的生命价值更主要体现在课堂教学过程中,每位教师都需要抱着吸纳革新的态度,将课堂改革真正落到实处。[1]

第二节 小班讨论教学模式研究

一、小班讨论教学模式的实施基础

推行小班讨论教学模式,是高校教育向"学习范式"转型的重要举措。小班讨论是一种导学式的教学模式,倡导以学生为中心,学生主动"学"在前,教师"导"在后,教师减少授课时间,把课堂交予学生交流、思考和探讨,课堂学生规模缩小,一般在30人以内。小班讨论教学模式在学生能力提升方面,有助于调动学生学习的积极性、主动性,培养学生独立思考、分析、

---

[1] 杨树生. 高校课堂教学方法的选择与实践 [J]. 产业与科技论坛, 2021, 20 (17): 123-124.

综合、批判、创新等高阶思维，提升学生提出、解决问题的能力；在知识获取方面，有助于学生把握学科前沿、高深理论与方法，促进深度学习，创造新知识；在价值观形成方面，有助于学生个性与价值观的养成，实现人真正的成长。[①]

近年来，我国高等教育发展速度极快，规模迅速膨胀。因科教兴国战略、人才强国战略以及高等教育由精英化向大众化转变等，高等学校不断扩大办学规模，在校生数量增长迅猛，高等教育入学率不断攀升。但绝大多数高校教师增长速度不及学生增长速度，师资力量捉襟见肘，小班化教学困难重重。

第一，符合青年学生成长成才要求。高等教育不仅要求同学们能够听清、听懂基本知识和道理，而且能够把知识和道理说清楚、讲明白。如果仅仅满足于我讲你听、我讲你记、我讲你背，一味地灌输知识和道理，而没有机会大方得体地表达自己的想法和观点，显然不符合学生成长成才的需要。今天的学子学业有成后一定会走出校园、走向社会，如果在该讲话的时候无法顺畅地表达自己的思想观点，他将丢掉机会、发展机遇乃至前程。其实，说要比听更重要、更困难，因为在表述之前，必须进行思考和准备，对要表达的信息进行整理和筛选，甚至对受众对象的反应事先要有所考虑并做出应对预案，这是一个更为复杂和系统的过程。现代需要的人才应具有卓越的思考能力、表达能力、沟通能力和说服能力。如果学生不能将所学知识加以整合和利用，达到学以致用的目的，在他们走上社会后遇到困难和问题时能否胜任所从事的工作是值得思考和研究的。

第二，有相应的理论基础作支撑和保障。一是主体间性理论。事实上，教育教学活动由师生双方共同实施，是师生相互作用的交往过程。其中，教师是实施教育的主体，这种主体性在教学过程中起引领和导向作用，处主导地位，学生是学习的主体，这种主体性是教师主体性发挥的目的和动因，是学生自我发展的内在动因和根本动力。二是角色互换理论。角色互换要求受众打破并放弃被动角色思维，在教学过程中充分展示学生的能力和风采。小班研讨应把主动权还给学生，及时发现学生中存在的问题并给予指导帮助。师生角色互换是充分尊重学生主体地位、促进自主学习的有效方法，也能充分调动同学们学习主动性和自觉性，增强其表达能力和协作能力，将学习过程转变为主动提出和解决问题的探索过程，全面促进学生创新能力和实践能力的形成与发展。三是

[①] 鲁圣鹏，李雪芹，梁炯丰，汤蒂莲. 基于"学习范式"的高校教育小班研讨课实施路径与建议[J]. 内江科技，2020，41（11）：31，65-67.

灌输理论。对于正处在世界观、人生观和价值观形成时期的青年学生来说，科学理论学习和接受往往需要借助外力作用。对于青年学生来说，他们不会自发形成完整准确的科学社会主义思想理论，不会自发形成系统科学的中国特色社会主义理论自觉。小班讨论教学模式是学生形成系统科学的中国特色社会主义理论自觉的主要模式。①

第三，符合社会现实和大学生实际。在我国，基础教育阶段有限的优质资源集中在大中城市的少数名校，因此，中小学生学习强度大、升学压力大，应试教育现象严重。这就使得许多学生进入大学之后产生松懈情绪，无法尽快适应大学阶段自主学习要求。如何提高学习积极性也因此成为我国高等教育面临的难点问题之一。通过小班研讨方式促进学生参与到教学中来，改变老师讲授知识的单一方式，使学生学会收集、分析、研判资料信息，学会综合运用知识发现问题、提出问题、分析问题和解决问题，开拓学习思路，提高学习能力。

第四，符合教育教学规律。高校教育以培养学生自主学习能力为根本，学生能不能认真分析问题、及时提出问题、正确解决问题涉及创新型人才培养的核心。小班讨论教学模式是教师全程参与、面对面有针对性指导的思想沟通过程，也是展现教师人格魅力、感染学生的过程，有利于师生互动、讨论交流，有利于及时解决学生思想疑虑。小班研讨形式灵活多样，能够联系国际形势变化、国内改革开放和现代化建设实际以及学生思想实际展开讨论，有助于学生提出、分析和解决问题能力的提高，能够帮助他们开阔视野、训练思维、建构知识。

二、小班讨论教学模式实施流程

(一) 规划设计

首先，教师应把培养学生独立思考、批判与创新能力作为核心任务，根据专业培养要求，确定课程教学目标，详细规划、设计教学内容与知识点。其次，根据教学对象、教学目标与内容，组建教学团队，制定教学计划，拟定各章节研讨主题，确立学生要预先学习的课件、书目与资料；研讨主题的选择至关重要，要让学生通过解析研讨主题而深入学习、思考。此外，还需确定研讨形式，比如专题展示、案例解析、实验模拟、分组辩论等，并制定研讨课教学

---

① 李祥. 高校思想政治理论课"大班授课、小班研讨"教学改革模式探讨 [J]. 新乡学院学报，2015 (1): 61-64.

规则、基本要求，确立课程考核方式与规则等内容。

（二）课前准备

小班研讨课注重培养学生的自主学习能力，要求学生在课前完成课程基本知识的学习，并为开展研讨查阅相关的高阶资料。对教师而言，应及时发布学习资料，布置研讨专题并提出要求，预先设计课堂，对学生课前学习的问题进行在线答疑，修改与完善学生提交的研讨大纲等。对学生而言，课前应自学老师布置的视频与文献材料，查阅资料；进行分组分工，共同选择研讨主题，找到自己感兴趣的切入点，构思自己的论点论据，撰写研讨提纲与汇报材料；小组成员要合理分工、通力合作，共同完成研讨主题的准备工作。

（三）课堂讨论

课堂上教师一般要简要地导入教学内容，然后组织学生开展研讨，并鼓励学生积极发言，激励学生创新，同时要维持好课堂秩序；学生要展示所准备的内容，并提出自己的见解、问题；师生对小组的陈述、问题展开讨论、质疑和辩驳，加深主题讨论的深度。教师应根据学生们的讨论，进行分析、点评和总结，对学生好的观点、突出的表现予以表扬，对不当的观点及时纠正。研讨时要有专门的人负责记录，小组最后要对自己的主题进行总结，教师和其他小组成员对其进行评价与打分，并作为课程考核的重要依据。

（四）考核总结阶段

小班研讨课的成绩考核一般采用过程评价法，即落实到学生每一堂课的具体表现上，口头陈述、个人发言、集体讨论、书面报告等环节，都是考核的重要内容，以反映学生对研讨主题的理解、分析、归纳、展示情况以及课堂参与的积极性、表达的准确性、提出问题的深入性等状况。课堂研讨完成后，每位学生需提交独立完成的书面报告；教师可要求学生对报告进行同伴互评，撰写评语和修改意见；经过互评后的报告再提交给教师评阅。这样有利于学生反思自己的报告，并学习同伴报告的优点，起到相互学习、相互督促的效果。此外，教师要对研讨主题与过程进行反思与总结，积累和完善研讨课实施策略。

三、小班讨论教学模式推行的主要障碍

（一）教学管理与绩效考核制度不健全

当前我国高校教学管理过于追求功利性、定量化和可控化，忽视教学活动的创新性，使教学沦为单调、乏味的机械工作。推行小班研讨课，教师需要投入大量的精力创新教学活动，而目前教学工作量与上课学时挂钩，显然这种考核机制，难以衡量教师的投入与教学成效。教学改革如不改变对教师的管理模式，教师的积极性就难以发挥，小班研讨课将很难展开。

（二）教师能力有待提升

小班研讨课对教师能力提出更高要求：在教学理念方面，要求教师从传统讲授模式向"学习范式"转变；在知识方面，要求教师具备扎实的专业知识，掌握学科前沿；在教学模式上，要求教师从传统灌输式的教学思维，转变为启发式、讨论式的研讨思维；在组织管理方面，要求教师具有较强的组织与协调能力等。由于缺少培训，教师研讨能力的不足，成为推行小班研讨课的重要障碍。

（三）课程体系有待优化

目前我国大学专业课程设置存在"大而全"特征，相关课程内容相互重叠、缺乏整合，专业学分要求高，"水课"比重大。以本校工程管理专业为例，工程项目管理课程与招标投标管理、建设项目合同管理、工程造价管理等很多课程的知识点存在重合。

（四）基础设施有待改善

按照欧美高校经验，小班研讨课教室布局应为会议室型，教室一般不设讲台，突出在课堂上"以学生为中心"；学生面对面围桌而坐，利于彼此交流与探讨；同时设置移动黑板和投影设备，便于教师、学生书写解释、沟通。目前我国高校教室大多数是讲台式的，桌椅呈排状布局，显然不利于研讨课的开展。

四、提高小班讨论教学模式效果的建议

（一）创新但不刻意求新，以需求为导向选取有效可行的教学模式

不同的小班讨论教学模式分别满足了学生不同的需求，教学实践中需要根据学生需求进行教学模式的设计和选取。而且，为带来教学的新鲜感和增强教学吸引力，有必要对教学形式进行创新，例如，引入对抗式、问答式以改善小班讨论的效果。看视频讨论和习题解答分析等模式获得差评，原因是其教学过程较为简单、学生收获有限。然而令人意外的是，学生对直观感觉颇具新意的"专家"专题访谈、分组辩论等模式评价不高。关键原因可能不是这些模式本身不够新，而是这些模式对学生要求较高。若学生能力偏低，或者以消极应付态度来准备，只是简单报告所收集的资料甚至照本宣科，则教学效果适得其反。①

（二）结合实际情况，基于组合思想进行教学模式的设计

单一模式只能响应和满足学生某个或者某些方面的需要。例如，投资模拟实验模式主要响应了学生的互动参与、自主创新和专业相关等需求，而案例分析模式则主要响应了学生的专业相关和联系实践等需求。为尽可能满足学生需求，小班讨论中应采用多元化的教学模式，进行组合设计。这就需要把握每种教学模式与学生需求之间的内在联系，通过提前了解学生的主要需求和能力特征，针对性地安排各类教学模式并形成教学系统。在利用单个模式分别满足学生相应需求的基础上，通过模式组合形成合力。

（三）加强前期准备，合理控制小班讨论的准备难度和时间耗用

准备工作是否充足不仅影响小班讨论的课堂教学效果和教学模式的优势发挥，还影响学生的能力训练和素质提升。需要从两个方面加强前期准备：一是加强教师的课前指导，制作课程引导材料，在论题选取、资料查询、内容设计和材料组织以及语言表达等方面给予具体详细的指导。二是通过各种途径激发学生积极性，使之主动投入更多时间用于课前准备。例如，适度提升小班讨论课表现的成绩占比，借助先进的多媒体教学技术和教学环境，引入竞争激励机

---

① 黄建欢，张亚斌，祝树金. 小班讨论的组织模式和教学效果：响应学生需求的视角 [J]. 大学教育科学，2015（4）：44-48.

制，等等。并且，在学生能力和时间有限的背景下，在教学设计时应充分考虑学生能力水平和学习任务等情况，力求难度适中，耗时适度。

第三节 参与式教学模式研究

一、参与式教学法内涵的解读

参与式教学起源于20世纪五六十年代的英国。它是以学习者为中心，以活动为主要形式，以学生的发展为目的的一种教育新理念。要求教师在教学过程中努力创设一种平等、自主、合作、探究的学习氛围，使学生在轻松愉悦的环境中学会自主学习、相互合作、探究创新。强调教师将自己的主导地位下移到学生，重"引导"而轻"灌输"，在给学生传授相应知识的同时，更注重对学习习惯的培养和学习方法的引导，让学生在活动中，利用已有知识经验进行再学习，从而达到"自主、合作、探究"目的教学模式。它与传统教学模式的区别在于更注重学生知识的积累和综合能力的提升。

二、参与式教学模式的价值

（一）参与式教学模式能够调动学生学习积极性

参与式教学看重师生之间、生生之间信息沟通与情感交流的过程，突出学生主体地位，让学生参与整个教学的全过程，并鼓励学生带着兴趣、以自己喜欢的方式进行学习。为此，在参与式教学中，笔者更关注学生的兴趣，笔者认为兴趣是学生参与一切活动的关键。因为兴趣是学生学习知识、掌握技能的最有效的途径。只有当学生对内容感兴趣时，才能更好地发挥主观能动性，才能提高学习效率；只有"兴趣"能促进学生进行积极的、主动的思考和研究；只有"兴趣"才会引发学生的疑问，提出独到的见解，便于实现教学目标。总之，参与式教学关注学生的兴趣，"兴趣"是学生积极进行自主、合作、探究的抓手，是调动学生学习积极性的有效手段，也是影响学生转变观念，从"要我学"变为"我要学"的主要因素。

(二）参与式教学模式有利于展示学生风采，促进学生个性发展

现代心理学表明，人的心理发展是一个不断自我构建的结果，而非外塑的结果。学生处于心理发展、个性形成的关键时期，而传统的教学总是将学生置于被动的地位，阻碍着学生个性能力的发展，挫伤和压抑学生学习的主动性和自觉性，使得学生没有个体，失去自我，课堂也就成了"产品加工厂"，学生成了标准的产品，就像是一个模子刻出来的。而参与式教学则充分考虑到学生已有知识与能力，教师不是将自己的经验强加给学生，而应帮助、鼓励学生从小就开始大胆发表自己的见解、充分展现自己的能力、形成独立的个性品质。

（三）参与式教学模式给创新型人才提供了展示的舞台

参与式教学倡导创造宽松自由的学习环境，当课堂有了宽松的氛围时，学生才能自由地思考，大胆地提出新观点，才会引发生成性的问题。而传统的课堂教学要求学生循规蹈矩，学生有不同声音不敢发声，即便有独到的见解也不敢在课堂中表达出来。而参与式教学提倡学生大胆地说出自己的想法，敢于和教师、同伴挑战和质疑。自由地发表自己的看法，淡化教师的权威性，给学生提供了展示舞台，更有利于创新型人才培养。

（四）参与式教学模式能够培养学生的合作精神和协作能力

在传统教学中，教师高高在上，学生被动接受，教师不善于组织小组活动等因素，直接导致了师生之间、学生与学生之间缺乏合作，学生和教师交往的机会很少，学生一般是独立完成作业，处于相对封闭状态。而我们现在所用参与式教学法，旨在鼓励教师与学生之间、生生之间多交流，多探讨，树立积极参与意识，树立团队意识。

（五）参与式教学模式有利于促进教师队伍素质的提高

在实施参与式教学中，由于参与的范围和内容极其广泛，加上我们地区的班额较大，所以教师的课堂教学难度大大增加，也就是说，参与式教学给我们自身素质和教学水平提出了新的挑战。要求我们不仅在知识上要研究，技巧上要改变，方法上要思考，理论上要扎实，教师的综合素质还要过硬，真正组织好参与式的一堂好课实属不易。因此，坚持参与式教学也是促进教师整体素质提高的手段。

三、参与式教学法的基本方法

自主、合作、探究学习是在新课程理念下学生学习的一种重要方式。这种能够挖掘学生潜能、激活学生的学习欲望，开发学生的思维。

(一) 自主学习

参与式教学强调的"自主学习"就是指学生在教师的指导下，通过有趣的、有价值的、创造性的一系列活动，促进学生实现自主性发展。当然，自主性发展以教师正确的引导为前提。大家都知道，教师是因为学生而存在，学生是教育的主体，是课堂的主人，学生有价值的创造性的学习是教育教学活动的核心、方式和途径，学生自主学习也是教育改革发展、学生成长的金科玉律。参与式教学就是倡导自主学习、自主发展。目前实现自主性发展是一切教育教学活动的目的，是一切教育教学活动的基本要求。一句话，参与式教学法的特点之一就是学生自主学习，教师的任务就是通过多种手段和途径，有目的、有选择地引导学生自主学习，目的是实现学生的自主性发展。

(二) 合作学习

合作学习又称"小组学习"。它是指一系列促进学生共同完成学习任务的教学模式，以便通过同学之间的交互作用对学生的认识、发展、学习情感和同伴关系产生积极的影响。而参与式教学强调学生在课堂中通过合作学习解决教学难点，完成教学任务。合作学习其优点就是同伴之间更容易交流，更容易协作，更容易达成共识，课堂更能引发生成性的问题；能促进学生在学习上互相帮助、共同提高；能增进同学间的情感交流，引起共鸣，改进人际关系；能使学生同甘共苦，达成共识。

(三) 探究学习

参与式教学法所倡导的探究性学习是以学生的自主性学习为基础，从学生实际出发，根据学习内容选择有价值的，必须通过思考、研究才能解决的问题进行讨论。探究学习主要是以个人或小组合作的方式进行的学习，探究学习有利于学生转变学习方式，是通过自己的努力，独立的思考，亲身体验学习的过程，掌握学习方法和技巧的学习。这种方法促使学生"会学习"和"爱学习"，同时，为学生养成终身学习习惯奠定良好基础。因为它着眼于学生的主体地位,其目的就是让学生参与、讨论,碰撞出智慧的火花,使自主学习落到实处。[1]

四、提高参与式教学模式效果的策略

(一) 以动为主的参与式教学策略

"动"是人活动的本质,也是参与的本质,更为准确来说,在教师引导下,为了实现某一教学目标,围绕某一个特定教学任务,学生在行为、心理、思想、思维、情感、价值等方面的运动是参与式教学的根本要义。科学研究发现,多器官、多层次的协同参与有利于提高学生的学习效果。这种参与式教学体现于内动和外动的一致性。其中,行为动感是参与活动的重要表现形式,同时也是符合年轻人好动的特点。此外,动静结合、动静交替也是化解学习疲劳、提高学习效率的有效途径,因此,具有明显外部"动"特征的外在行为参与往往更容易引起学生的兴趣,也更易于营造参与的氛围和情境,也更便于对教学活动的外部观测。也正因为如此,动参与常常被教师所采用。这一教学策略又包括四种基本方式:(1) 读说式,即老师布置学习任务,学生按要求朗读、演讲或交流,从中理解、记忆和掌握学习内容;(2) 讨论式,即教师设计有一定深度的问题,引导学生参与讨论甚至辩论。这种讨论包括学生之间或师生之间的讨论,学生在此过程中发表见解、质疑观点、阐释理由等,这是大学常用的教学方式之一;(3) 展示式,即教师提出学习任务,学生完成任务后向教师和其他同学展示和汇报学习任务的完成情况,可以通过语言、动作和道具来完成;(4) 操作式,即学生根据教师提出的学习任务和给予的指导,自己或小组合作完成某种专业实践操作,比如实验操作、模拟操作、实物操作等;(5) 参观活动式,即在教师或其他工作人员的带领下,到相关学习场地进行现场参观,或参与某种专业活动,以促进理论与实践知识之间的联系。[2]

(二) 以静为主的参与式教学策略

深刻思考、静以思之是大学生参与式教学与中小学生的显著差别之一。学生随着年龄的增长,符号、逻辑、抽象思维不断发达,更注重探索事物的内在规律,脑力劳动成为主要学习方式,因而需要静思和深思。正如上述所分析,

---

[1] 董彩云.参与式教学的理论与实践[M].长春:东北师范大学出版社,2017:2,5-9.
[2] 黄建雄.大学参与式教学:内涵、形态和策略[J].教育现代化,2021,8(18):136-139.

这种静不是完全静止的静，而是外静内动。由于抽象思维已经成为大学生的主要思维方式和学习利器，况且在很多情况下只有保持外部环境的静止才能为内在抽象思维运动创造更好条件。所以，"宁静以致远"或"静而思之"是大学生参与式教学的重要特点之一。大学参与式教学的静策略又包括以下常见的几种具体方式。（1）查阅式，即学生围绕教学任务开展查询资料和静音阅读活动。（2）聆听式，即教师讲课和做学术报告，学生聆听。这种教学常常被认为是满堂灌，和参与式教学背道而驰。其实，这种观点是片面的。如果教师讲课有吸引力，学生安静听课，精神集中，思维活跃，专心捕捉教师信息，积极思考，就是一节高质量的参与式课堂。（3）书写式，即学生通过书面符号认真去完成老师布置的作业。（4）陶冶式，即学生在教师创造的特殊情境中体验、感受某种课程思想和内容，进行思想活动。这种情境可以是安静的情境，也可以是强烈的动情境。后者比如教师用语言和音视频营造的情境，这个时候虽然背景是动的，但学生主体上是"静"的。（5）探究式，包括围绕教师提出的问题进行思考分析、逻辑归纳推理，或对某些学习材料进行问题诊断，或是对某些专业问题进行探究创新等。

第四节　探究式教学研究

一、探究式教学模式概述

探究即是探讨和研究的结合。以自主、探究、合作为特征，这一教学模式主张发挥学生的思维动力，尊重不同学生间的个性差异，达到学生认知目标和情感目标。在课堂中，教师只是引导主体，将学生带入课堂环境中，以问题的形式导入课堂内容，为学生营造更自由的想象空间，充分发掘学生自身的想法和观点。探究式教学必须明确主体的职责。首先，教师的职责是引导。不同于传统模式的权威形象，老师不再掌控整个课堂的发展方向和进度，只是将学生引进课堂的学习内容中，激发学生的学习兴趣，让学生自主思考。其次，学生的职责是思考。学生是富有想象力和创造力的个体，积极思考，不局限于书本知识，敢于创新，并主动表达自身观点是学生在课堂中需发挥的作用。[1]

---

[1] 张雨薇. 高校课堂探究式教学模式的研究［J］. 山西青年，2021（4）：96-97.

二、探究式教学的特征

(一) 注重从学生的已有经验出发

认知理论的研究表明，学生的学习不是从空白开始的，已有的经验会影响他们现在的学习。所以，教学只有从学生已有的知识和实际出发，才能激发学生的学习积极性和主观能动性，否则很难达到预期的教学目标。

(二) 培养学生的探究能力

探究教学不是教师先把结论直接告诉学生，再通过演示实验或学生实验加以验证，而是让学生通过各式各样的探究活动，如观察、调查、制作、收集资料，亲自得出结论，使他们参与并体验知识的获取过程，建构起对新事物的新认识，并培养科学探究的能力。这种通过多样、复杂的活动情景来获得知识的教学模式，可以使学生从多角度深入地理解知识，建立知识间的联系，从而使他们在面对实际问题时，能更容易地激活知识，灵活地运用知识解决问题。也只有这样，学生的学习才是积极主动的，才能真正激发学生学习的内在动机。

(三) 重视过程和结果

一方面，要求学生在教师的指导下，对事物和现象主动地去研究，通过探究过程来理解知识的内在联系，从而达到灵活掌握和运用知识的目的；另一方面，需要教师把知识和科学方法有机结合，在学生掌握知识的基础上，让他们通过观察、调查、假设、实验等多种形式的探究活动，经历收集信息和分析信息的过程，从而获得自己的探究结果或制作出自己的作品，培养学生的科学态度和精神。

(四) 重视知识的运用

探究教学的一个基本特点就是学以致用，发展学生运用知识解决实际问题的能力。探究教学能综合提取知识，跨学科解决复杂的、综合的问题。在掌握知识、运用知识、解决问题的学习活动中，探究教学能使学生更接近生活实际和社会实际，有利于培养学生的实践能力。

(五) 重视形成性评价和学生的自我评价

探究教学的评价要求较高，如它要求评价每一名学生理解了哪些概念，哪些还模糊不清或不知道，能否灵活地运用知识解决问题，是否能提出问题，是否能设计并实施探究计划，是否能分析处理所搜集的数据和证据，是否能判断出证据是支持还是反对自己提出的假设。单靠终结性评价是难以奏效的。探究教学在重视并改进终结性评价的同时，很重视对学生的形成性评价，如学生每天的笔记、撰写的报告、绘制的图表，以及与学生面对面的交流、学生针对某一问题所做出的解释。教师可以通过这些了解学生对知识理解的深度和广度，以及进行科学推理的能力。①

重视学生对自己学习过程的评价也是探究教学评价的一个特点。学生不断地对自己的探究学习进行评价，如检查采用的方法是否合适、解释是否得当、对知识的理解程度如何。如此，可提高学习效率，有利于学习目标的达成。

（六）重视师生互动

探究式教学法的出发点就是发挥学生的主观能动性和创造力，以学生为中心，让学生自己去探究，自己去历练，积极地参加各种活动，从而获得知识。但学生的自主与教师的指导并不是非此即彼的关系。教师是在尊重学生选择的基础上进行指导，学生则是在教师的指导下进行自主的探究，二者是一种互动和相互促进的关系。

三、探究式教学流程

（一）提出问题

探究源于问题的提出，因此，提出问题是探究式教学的核心要素。在探究式教学中，往往以提出问题作为探究活动的开端和起点。问题与疑问不仅是探究式教学的起点，而且贯穿于探究活动的整个过程。问题的来源可以是教师通过启发、引导学生探究而精心设计的问题，也可以是学生独立地发现和提出的问题，还可以是学生从日常生活、自然现象、实验观察中提出的问题。

（二）收集证据

为了解决提出的问题，必须收集解决问题所需要的证据。在探究教学活动中，学生可以利用已有的知识经验、教材、观察、实验等收集证据，可以运用

---

① 罗俊，李树枝，侯丽梅. 基于高效课堂视角下的英语教学研究［M］. 青岛：中国海洋大学出版社，2018：24-25.

报刊、网络等途径查阅资料和收集信息，还可以通过教师创设可探讨的情境来获得相关的证据。

（三）形成解释

学生在收集证据的基础上，通过分析、综合、类比、归纳、推理等思维活动，对提出的问题进行回答，形成解释。形成解释是指学生能够将收集到的证据与已有知识联系起来，超越已有知识从而产生新的认识、形成新的理解、提出新的见解、获得新的领悟。如果说收集证据是一个量变的过程，那么形成解释则是一个质变的过程，可见形成解释是探究式教学的重要因素。

（四）评价结果

在形成解释的基础上，进一步对探究结果进行评价。这一环节不仅能对探究结果进行检验，而且能够激励学生勇于探究并培养学生的探究能力。对探究结论的评价可以是教师的评价，也可以是学生的自我评价。教师的评价应注意不应过分看重探究结果，而应重视整个探究过程，只要能使学生在探究过程中获得探究的经验，只要有利于学生探究能力的发展，教师都应给予高度的重视，并给予积极的鼓励和肯定。而学生的自我评价则能活跃课堂气氛，促使学生积极主动地去探索、去思考。[①]

（五）交流发表

交流发表是探究式教学中极为重要的一环。学生能在交流和论证中学到许多新知识和新信息，在交流发表中提高自己的表达能力，在交流发表中解决探究过程中遇到的困难。同时，某同学在发表自己的解释时，也为其他同学提出疑问、检验证据、找出探究中存在的问题提供了机会。

四、推广探究式教学模式的必要性

（一）兴趣培养需要探究式教学模式

探究式教学模式的实施需要学生进行小组合作，通过分组合作可以激发学生的自主学习兴趣，提高学生的学习积极性，充分发挥以学生为本的教学要求，促进教学理念的转变。同时，在合作探究学习过程中，学生的理解能力、

[①] 宋萍. 高职院校化学教学模式建构［M］. 汕头：汕头大学出版社，2019：16-17.

合作意识和创新能力会得到提升，他们解决问题和分析问题的能力也会提高，这就为学生的兴趣培养做了较好的铺垫。

（二）教学效率的提升需要探究式教学模式来实现

探究式教学模式是近年来兴起的一种新型教学模式，它是时代发展的必然产物。传统授课模式一般是教师纯文字性地讲课，学生一味地听课，时间一久非常容易产生厌倦，再加上课程具有一定的枯燥性，这就不利于学习效率的提升。而分组探究学习避免了这种状况，充分发挥了学生的主动性，将被动学习转化为主动探究，避免了死板的授课模式，极大地节省了课堂时间，有助于促进课堂效率的提升。

（三）探究式教学模式有助于学生思维扩散，提升学习能力

针对某个问题或知识点进行探究，不仅能够培养学生质疑和存疑的解题习惯，而且对于促使学生进行换位思考也具有重要作用，这就无形中为学生思维的扩散提供了条件，提升了学习效率。

另外，探究式教学模式鼓励学生从生活实际出发对问题进行思考，这就无形中将教材内容和生活实际相结合，提高了学生的实践能力，为学生学习效率的提升提供了条件。

第五节　任务型教学研究

一、任务型教学模式简述

任务型教学模式的实施过程分为三个：前期任务准备阶段、中期资料汇总阶段、后期任务成果展示阶段。前期的任务准备阶段主要是由教师根据学生近期学习进度设计学生感兴趣的教学任务，设计这一教学任务的目标是通过学生完成这一教学任务，达到锻炼学生应用课堂所学解决问题、强化记忆课堂所学、扩展综合能力、扩宽学生知识面的目的。教师设置学习任务后，学生根据相关任务有计划有组织地采用调研、实践、问卷、采访、资料查询等方式开展相关工作。中期主要是学生将前期准备工作所得到的成果汇总，在汇总基础上对所得资料进行分析筛查，摘选梳理总结出任务小组的任务报告，在这一过程

中，可以加强学生对相关知识的理解记忆，锻炼学生分析总结的能力。最后研究小组向教师汇报自己所在小组的研究成果，在成果汇报过程中，小组成员要用简洁有逻辑的语言向教师汇报自己所做的工作，小组组长总结汇报全组的任务完成结果，教师对小组的工作进行点评分析，对不足之处提出改善意见，对学生做得好的地方提出表扬。汇报过程给学生提供了锻炼能力的机会，汇报过程中会发生很多学生没有提前准备和预想到的情况，比如汇报成果所使用的设备故障、教师出人意料的提问等情况锻炼了学生随机应变的能力和展示自己的勇气，提高了学生用有逻辑有条理的话语展示观点的能力。[1]

二、任务型教学原则

第一是要遵守真实性原则，调研、实践、问卷、采访、资料查询等调查方式是发生在确切的生活情景中的，因而教师设计的教学任务也要符合生活，具有真实性，这样的学习任务有利于激发学生的研究兴趣，方便学生对此课题展开生活化的、真实的、有效率的研究。真实性的任务设计原则多用在语言类教学实践中，教师设置的任务需符合真实性原则，因为语言本身就从生活中来，具有极强的真实属性，必须让学生在真实的语境设置中才能锻炼学生的语言能力。

第二是要遵守学生第一位原则，在任务型学习模式中，学生是学习的主体，教师在发布任务后，接下来的一系列学习任务都是由学生自己完成，所以教师在设置任务时，要把学生放在第一位，充分考虑学生的学习能力、知识储备、认知差异和社交沟通能力，为不同的学生设置不同等级难度的教学任务，并且在学生完成教学任务过程中，教师应密切关注学生的任务进展，适时地加以指导，增强学生完成任务、克服自我心理障碍的信心，激发学生的创造力和内在潜力。

第三是要遵守教师学生互动性原则，任务型学习不能止步于学生完成任务，教师需对学生完成任务的质量和成果进行评估，指出学生的不足和优点，提出相应的改善建议，帮助学生的成长。所以在任务型教学模式中，教师与学生要时刻保持互动性关系，学生在研究成果汇报中不断地暴露自己的问题，教师指出学生问题所在，学生在下一次任务完成过程中改正自己的不足，在任务探究过程中做得更好。所以，良性的互动性任务型教学模式在循环中可以更好地促进学生的综合发展。同样，在语言性任务研究中，互动性原则显得更为重

---

[1] 柳丽花. 任务型教学模式及其在大学教学中的应用 [J]. 大学，2020（8）：145-146.

要，语言学习过程就是一个互动交流过程，只有在师生交流互动过程中，教师才能全面了解学生的学习情况，为学生提供专业性、针对性地指导，才能促进学生的个人成长。

三、任务型教学模式的特点

（一）教师主导作用和学生主体作用相结合

在任务型教学中，教学是有组织，有计划，有过程的。教师是主导和组织者，学生是主体。在任务型教学中，教师是教学的任务和目标的制定者，在教学的过程中教师引导教学的进度，帮助和引导学生进行学习，学生通过完成任务，将已有的语言原理通过完成任务实现语言的交际，实现学习任务和语言的双重学习。发挥学生的主体精神和主体能力，激发学生自身的创造和积极性，在完成任务的过程中做到知识的掌握，希望学生能增强自己的交际能力。教师和学生在教学和学习的过程中是平等的。[1]

（二）民主和谐的师生关系

任务型教学打破了传统课堂的单独教师教学，学生听讲的情况的师生关系。由单一的教学关系发展成了师生间，学生间双向多向和互动关系。较适合学生一起探讨问题，一起学习，共同进步。在任务型教学中，教师是教学任务的制定者，在整个教学中引导学生进行学习，学生在学习的过程中更加自由的和其他同伴交流，培养自己的交际能力。在教学过程中，教师应该公平地对待自己的每个学生，鼓励和帮助他们更好地进行学习，学生也要积极的配合老师完成任务。双方完成好学习上的配合。

（三）目标具体明确

任务型教学是有意义的教学，一方面让学生完成任务，锻炼学生的实践能力。另一方面在完成任务的过程中锻炼学生的语言能力和交际能力。学习者并不是机械地重复教师所教的内容，他们每完成一个学习任务都是带着具体的目标和学习目的的。学生完成的虽然是学习任务，但仍然和现实生活中的生活有相似的部分，因此任务型教学可以锻炼学生的生活和实践能力。评价教学是否有效的一个很重要的标准就是学生是否完成了任务，并且是否在完成任务的过

---

[1] 郭越. 浅谈英语任务型教学 [J]. 山西青年, 2016 (12): 95.

程中锻炼和发展了自己的语言和交际能力。因此任务型教学的目的指向性是很明确的。

四、任务型教学模式流程

（一）任务准备阶段

任务准备阶段主要是由教师根据学生近期学习进度设计学生感兴趣的教学任务，设计这一教学任务与目标是通过学生完成这一教学任务，达到锻炼学生应用课堂所学解决问题、强化记忆课堂所学、扩展综合能力、扩宽学生知识面的目的。教师设置学习任务后，学生根据实际情况自由组队，推选出任务组组长后，根据组内每个成员的实际情况分配相应的任务，组员在完成自己的任务时，可采用调研、实践、问卷、采访、资料查询等方式开展相关工作，在工作开展过程中要时刻注意和组内成员的紧密交流与沟通，勇于表达自己的观点，在交流沟通时如果出现不同意见，要在理解与尊重的基础上与同学展开讨论，完成信息的互通与任务框架的搭建。

（二）任务汇总阶段

任务汇总阶段主要是学生将前期准备工作所得到的成果汇总，在汇总基础上对所得资料进行分析筛查，摘选梳理总结出任务小组的任务报告，在这一过程中，组内的成员要经过大量的分析讨论，对任务目标达成一致的理解，最终按照这一理解梳理出有逻辑的任务成果汇报内容，并制作PPT等来展示组内的研究成果，方便在汇报阶段对评委老师进行研究成果汇报。这一阶段的任务学习可以加强学生对相关知识的理解记忆，锻炼学生表达自身观点、解决组内冲突、分析总结成果的能力。

（三）任务汇报阶段

任务汇报阶段主要是研究小组向评委老师汇报自己所在小组针对特定任务开展研究后的研究成果，在成果汇报过程中，小组成员要用简洁的有逻辑的语言向教师汇报自己所做的工作，小组组长代表全组总结汇报全组的任务完成结果，教师对小组的工作进行点评分析和打分，对不足之处提出改善意见，对学生做得好的地方提出表扬。向评委教师汇报这一过程给学生提供了锻炼自身综合能力的机会，汇报过程中会发生很多学生没有提前准备和预想到的情况，比如设备故障、教师提问等情况，可以锻炼学生的随机应变的能力和展示自己的勇气，提高学生用有逻辑有条理的话语展示观点的能力。

　　从任务型教学模式实施效果来看，学生针对某一课题进行自主性探究后，通过对比可以明显发现，学生在选择下次的教学任务时，倾向于选择难度升级的教学任务，可见，学生的创造力和内在潜力较以往能到很大的发展，并且越来越有勇气对某一课题发表自己的见解，并在与老师、同学的积极讨论中与大家共同进步。并且在完成教学任务时，可以更好地与队友团结协作完成任务。由此可知，将任务型教学模式引入大学教育符合时代发展特点和时代发展潮流，可以促进学生创新能力、实践能力、探究能力、表达能力等综合能力和个人特点的发展，为国家培养适应社会经济科技发展的新型人才，为国家发展助力。

第三章　高校实践教学研究

增强高校人才培养服务地方经济和社会发展的能力，以实践教学助推高校应用转型发展，不断提高实践教学内容、教学方法以及教学手段等方面的改革，着力培养大学生身心素养、专业技能和实践创新能力，是新时期高校实现实践育人和加强教学内涵建设的重要内容，同时也是彰显高校办学特色、重塑高校发展职能、增强高校转型活力的突破口。本章主要研究高校实践教学方面。

第一节　实践教学概述

一、实践教学的内涵

实践是相对于理论而言的。实践是人们能动地改造客观世界的活动，是"主观见之于客观的活动"。实践是马克思主义哲学的一个基本概念，实践不仅是认识的来源，是认识发展的动力和检验认识正确与否的标准，而且是人类的生存方式。正是由于实践，人类社会才从自然界脱离出来，人类社会才会变得如此丰富多彩。人也是在实践过程中确证自己的本质力量，彰显自己的主体地位。

也正是因为实践在马克思主义哲学中占有如此重要的地位，以至于马克思把自己的哲学叫作"实践唯物主义"。高等学校的教学活动也是人类的一种实践活动，而且是一种特殊的实践活动。教学活动按其不同的特点，又可以划分为两类活动：理论教学和实践教学。理论教学侧重于对理论知识的传授，传授内容是前人概括和总结的概念、理论、规律等，传授方式以课堂教学为主，教学方法以讲授为主。理论教学是高等学校传统的教学形式，历史悠久，体系完善。理论教学的长盛不衰，完全是由大学教学的根本任务决定的。传授知识、把握规律、传承文明，历来是大学的主要任务，传授的方式自然是以理论教学为主。相对于理论教学的形式是实践教学。大学实践教学则是高校根据其培养目标的要求，组织和引导学生参与各种实践环节并使大学生能从中接受教育、培养综合素质的一类教学活动。

实践教学的目的：使学生获得感性知识，掌握技能、技艺，养成一定的工作作风和独立工作能力。实践教学的内容：作业式的教学内容。实践教学的环境：职业活动情境，本书所指的实践教学是指在高等学校专业教育领域内，相对于理论教学，从专业或职业需要出发设计的多种教学活动的总称，包括实验教学、参观、社会调查、见习、实习（包括专业课的课程实习、综合性的生产实习、临床实习、教育实习等）、毕业论文、游学（从游、访学）等；旨在使学生获得直接经验，掌握技能、技艺，习得各种规范，获得职业身份认同，养成理论联系实际的作风和独立工作的能力；通常在实验室、实习场所等一定的职业活动情景下进行，作业是按专业或工种的需要设计的。

实践教学不等于无教学、无指导的实践，它是教学的一种组织形式，属于教学活动的一种，"具有教学的属性"。相对理论教学，实践教学的目的是掌握理论知识，但绝不仅仅限于掌握理论知识。"使学生获得感性知识，掌握技能、技艺，养成理论联系实际的作风和独立工作能力"都是实践教学的目的。实践教学的目的除了为获得与未来职业有关的知识、技能、技艺和能力，更重要的是积累直接经验，习得各种规范，获得职业身份认同，等等。相比理论教学，实践教学在内容上"一般从专业或者工种需要的角度"出发，按"作业"的方式进行设计；而理论教学一般以理论知识为内容，按概念或者命题的方式来组织教学内容。相比理论教学，开展实践教学的场所"通常在实验室、实习场所等一定的职业活动情境下进行"，或者在模拟的职业活动情景下进行。理论教学对场所则没有特殊的要求，在一般的学校环境里就能开展。本书的实践教学不局限于以下几种形式的实践教学活动：实验教学、参观、社会调查、见习、实习（包括专业课的课程实习、综合性的生产实习、临床实习、教育实习等）、毕业论文、游学（从游或访学）等。

二、实践教学的要素

实践教学是通过实践环节来提高学生素质的教学活动。实践教学活动由以下要素构成。

(一) 实践教学的主体

主体是相对于客体而言的，是有目的、有意识地改造客体的人，是客体的认知者、改造者。实践教学的主体是从事实践教学的教师，它回答"谁是实践教学的承担者""谁在教"的问题。作为实践教学主体的教师，需要清楚自己所从事的工作的意义，自觉地按照教育教学规律进行实践教学；具备高校所需要的从事实践教学的能力和水平；切实从事实践教学工作。

教学活动本身是一项特殊的实践活动。"教学"活动是一个整体性活动，"教"与"学"相互联系、相互依存。就"教"而言，教师是主体，学生是客体；就"学"而言，学生是主体，教学内容是"客体"。在实践活动中，教师是实践教学的组织者、承担者，学生是实践活动的参与者。在参与过程中，既有认知（实验）的对象，又有实际的改造（生产）对象，在这个意义上，学生是主体。在实践教学过程中，学生的主体地位比在理论教学过程中更加凸出和鲜明，加强实践教学就提升了学生在教学中的主体地位。

(二) 实践教学的客体

客体是相对于主体而言的，它是主体认知和改造的对象。在实践教学过程中从整体上讲，学生是客体，是实践教学培养的对象。由于实践教学活动本身的特殊性，实践教学的客体也呈现出双重性。一方面，学生作为受教育者，是实践教学的作用对象，是相对于教师这个主体的客体；另一方面，学生又成为实践教学中的认知者、改造者，是主体，被认知和改造的对象是客体，如实验材料和生产实习中的劳动对象等。

(三) 实践教学的目的

实践教学作为一种特殊的实践活动，有着特定的目的。这个目的就是主体的主观意图和主观愿望。在实践教学过程中，表现为培养目标。培养目标是学校根据经济社会发展的客观需要和学校的实际情况特别是学校的定位而制定的，所有的教学活动都必须围绕培养目标而进行。

(四) 实践教学的手段

在实践教学中，实践手段既包括实践教学的工具，如实验仪器设备、生产工具等，也包括实践教学的方式、方法，还包括实践教学的场所、环境，如生产厂房、车间、场馆、实验室、研究室等。实践教学手段对实践教学的效果起着十分重要的作用,如实验仪器设备的质量和数量对实验教学至关重要,实验仪器设备数量不足,学生得不到充分的实验训练;实验仪器设备质量不高,缺乏先进的精密仪器,实验教学的质量难以提高。现代实践教学越来越重视实践教学环境的改善,特别是实践教学基地的建设,没有稳定的实践教学基地,很难保证实践教学的稳定开展。

(五) 实践教学的结果

实践教学的结果是实践教学目标的客观体现。它最直接的表现就是实践教学的质量,最终落到人才培养质量上。

三、实践教学的形式

大学实践教学的基本形式有实验、实习、毕业论文(设计)、实践技能训练、社会实践活动、科技创新活动、课外实践活动、创新创业教育等[①],随着经济社会的发展和教育改革的深化,高校实践教学的形式必将越来越丰富。

(一) 实验

一般所说实验是指科学实验,是为实现一定的科研目的而进行的,是科研人员运用仪器设备等手段,人为控制和干预研究对象的情况下观察、探索事物本质和规律的一种科学研究方法。科学实验是近代科学的产物,是科学研究的重要特征,随着科学的进步而不断得到发展,并被应用于社会科学领域。

我们所说的实验是指实验教学,实验教学就是按照一定的教育目标、教学计划,在教师指导下,让学生观察研究自然现象的运动变化,练习实验技能,深入理解理论,领会科学方法,培养科学能力,养成科学态度,从而全面发展科学素质的实践性教学过程。实验教学是实验功能的延伸和拓展,也就是它将饰演的科学研究功能拓展到人才培养上,作为验证知识训练技能和培养能力的一种教学手段。

(二) 实习实训

实习实训是实践教学的重要形式。当前习惯上将实习实训并列。事实上,实习和实训并不是一个概念。实习是指学生到未来职场所进行的综合职业训练,包括观察和学习与从业有关的技能和规范、体验职业工作特征等方面;而

---

① 向梅梅,刘明贵. 应用型本科高校实践教学研究 [M]. 广州:暨南大学出版社,2011:34.

实训侧重对学生进行单项技能和综合技术应用能力的训练,可以在校内实训基地进行,也可以在外企事业单位进行。但两者都指向职业训练,都强调真实情境的实践体验,实习可以看成是到职业场所的实训,校内实训可以看成是实习的准备或模拟实习,一般并不对两者做严格区分①。

实习实训是对大学生职业素质的提升、职业技能的培训和职业环境的体验。其中,实习又可分为生产实习和毕业实习。生产实习是根据课程需要,在一门课程或一类课程结束后,就生产中的某一类问题而进行的实习,是对生产中相关职业能力的训练,这类训练可以是单项的,也可能是综合性的,会因学校性质、专业性质及学校、专业教学的安排而有所不同。毕业实习也是对学生四年所学知识和技能的全面运用。在高等师范院校,毕业实习表现为教育实习,学生到中学走上讲台转变为"教师",还要担任班主任、辅导员等学校管理工作,一方面提高其师范技能,另一方面全面体验中学教师的工作和生活,为将来的中学教师职业生涯做准备。

(三)毕业论文(设计)

毕业论文(设计)是实践教学的重要形式之一。毕业论文(设计)是对学生四年所学专业知识的综合研究训练,也是对学生所学知识综合运用能力的检验。毕业论文是理论性的综合训练,毕业设计是工程技术性的综合训练。一般来说,文科、理科各专业规定做毕业论文,工科各专业规定做毕业设计。我国大学本科一直都有做毕业论文(设计)的传统,且由于管理规范,毕业论文(设计)对提高学生的技能确实起到了很好的作用。

(四)实践技能训练

这里所说的实践技能训练,特指应用型高校对学生在校内所进行的技能训练。目的是通过实践技能训练,提高学生的专业技能;场所是在学校的技能训练中心;方式、方法主要是知识和技能的应用训练,以学生练习为主、教师指导为辅。实践技能训练不同于实训,实训是对工作环境的仿真模拟,或者在实际的工作环境中进行,而实践技能训练是在校内的技能训练中心进行知识应用能力的演练和专业技能的巩固和训练。应用型高校为加强应用型人才的培养,目前都在校内设立了专业技能训练中心,以保证专业技能训练的经常性和实效性。

---

① 李剑萍,大学教学论[M].济南:山东大学出版社,2008:177.

(五) 社会实践活动

大学生社会实践活动也是大学实践教学的重要形式，它对于锻炼学生的社会实践能力，增进对社会的了解都具有重要作用。社会实践活动是一种以学生为主题、以学校为依托、以社会为舞台的广泛教学形式，是大学生在校期间有目的、有计划、有组织地走向社会，深入实际，识国情、受教育、学知识、长才干、做贡献的一系列物质与精神活动过程的总称，也是高等学校在校园内外更广阔的社会环境中获取并掌握新知识、认识社会、了解社会、服务社会，从而使其德智体等各方面全面、协调发展的教育形式。大学生社会实践活动是一个双向的过程，一方面，是大学生认识社会、了解社会的过程；另一方面，也是大学生服务社会、影响社会的过程。

(六) 科技创新活动

大学生科技创新活动是指在教师的指导帮助下，学生利用课余时间自主开展的学术研究活动，是学校通过组织引导大学生对科技文化知识的学习、转化、运用和自主创造，培养其创新意识、创新精神和创新能力的教育实践活动，是高校培养具有创新精神和实践能力的高级专门人才的重要途径，是整个教育过程中重要的一个环节。大学生科技创新活动根据教学阶段的任务和专业特点而采取不同的组织形式，最常见的有：科技兴趣小组，根据学生的兴趣爱好，组织专题的科技兴趣小组，由教师带领有共同兴趣的学生进行科技创新的初步实践；参与教师的课题研究，可以作为教师的助手，完成资料收集、数据采集、基础实验等方面的工作，从而增强学生的科研创新意识，培养他们初步的科研能力；设立学生创新基金项目，学校拿出一定的经费，每年立项设立创新基金课题，根据学生的专业特点立项予以资助，资助的课题既有一定的科技创新价值，又难易适当，使学生受到基本的科技创新能力的训练，引导学生开展初步的科学研究。

(七) 课外实践活动

严格地说，上面所提到的大学生社会实践活动和科技创新活动都属于课外实践活动。这里所指的课外实践活动是除了上述两种活动之外的其他实践活动，主要包含以下形式：一是学生社团活动。学生社团活动是大学所特有的群众性组织，它是由具有共同兴趣爱好、共同追求的学生自发形成、自主开展活动的团体，是大学生的精神乐园，也是大学生施展才华的天地。二是勤工助学活动。勤工助学活动是学生个人或者团体，以获得或改善学习条件为基本目的，将教育与学生社会实践紧密结合而进行的教育经济活动。"勤工"与"助学"密切相连。"勤工"是前提，学校为有需要的学生提供工作岗位，提供学习锻炼的机会；"助学"是"勤工"的直接目的，"勤工"不是义务劳动，是有报酬的活动，劳动所得用于支付学费、生活费，减轻家庭的经济负担。三是各类竞赛、比赛活动。如大学生英语口语大赛、演讲比赛、师范生技能大赛、数学建模竞赛、大学生辩论赛、校园歌手大赛、大学生职业生涯规划竞赛等活动以及摄影、书法、美术作品展览等，所有这些活动都丰富了校园文化生活，提高了学生的实践技能。

第二节 高校实践教学的特点、内容、类型与目标

一、高校实践教学的主要特点

（一）从价值层面上看，实践教学以提高学习者能力为目标

实践教学是教学过程的重要组成部分，教学过程就是知识传授过程，这些传授的知识都是一套系统的人类经验，得到了某种知识制度的认可，它能帮助学习者提高行动效率、更好达成行动目标。学校教授的各种知识通常是以某种符号形式存在的，教学首先要帮助学习者熟悉符号系统，并解读符号的意义，这一过程往往通过教师的课堂讲解，学生的记忆、思考、课后书面练习、复习考试等形式完成，可将这一过程称为理论教学。但学习者学习知识的终极价值目标既不是熟悉符号系统，也不是为了获得符号的意义，而是为了提高自己的行动效率，更好达成自己的行动目标。因此，教学还必须设置与知识相匹配的某种实践活动，学习者在活动中将知识内化为个体经验，形成某种技能，最终实现提高学习者行动效率的价值目标，可将这一过程称之为实践教学。在知识的传递过程中，这两种教学相互依托，相互支撑，共同组成教学过程。

（二）从哲学层面看，实践是知识的基础

一切知识形态都产生于实践，知识学习是以提高实践活动效率为目标，离开了实践活动，知识的学习也就失去了价值目标。一切实践活动都包括实践主

体、实践客体、实践目的、实践手段、实践结果诸要素。实践教学是一种实践活动，也有其基本构成要素。学习者是实践教学的受益者，承担实践活动，是实践教学的主体。学习者在活动中完成的任务是实践教学的客体。学习者完成这种任务是为了形成某种能力，能力的形成是实践教学的目的。任务的完成必须借助某种直观的物化工具进行操作活动，直观的物化操作工具是实践教学的基本手段。学习者实践的结果有两种，一是完成预期任务，提高预期的某种能力，二是未能完成预期任务，没有提高预期的某种能力，但是这两种结果都会在学习者心中形成某种体验，因此学习者的活动体验是实践教学的结果。

（三）从内涵上讲，实践教学可以增强学生社会适应性和能力

教师将学生置身于某种知识场景中，学生以某种直观物化操作方式为主要学习手段，完成某种任务，从而将知识内化为个体经验的学习活动。实践教学和与之相对应的理论教学的根本区别在于，理论教学是以阅读、理解、记忆、联想、复述等心理活动为主要学习手段，以熟悉某种符号系统为基本任务，以获得符号系统的意义为目标。由此看来，如果实验、实习、课程设计、毕业论文（设计）等实践教学环节不具备将知识内化为个体经验，形成某种技能的价值目标，缺乏与价值目标相匹配的任务活动，没有直观物化的操作过程，那么这样的实践教学就不是真正意义上的实践教学。从这种意义上看，当前高校有的课程设计、毕业论文设计仅仅具有实践教学之名，而无实践教学之实。

因此，在各专业人才培养方案制订中，要厘清实践教学的内涵，明晰实践教学的价值目标和基本要素，理清它与理论教学之间的区别和联系，这样才能细化实践教学目标、确定实践教学内容、过程及考核标准，使实践教学落到实处，提高人才培养质量。

二、高校实践教学的内容

（一）实践教学目标体系构建

在构建实践教学目标体系时要着眼于学生就业岗位和发展需要。一是理解专业知识目标。通过实践教学形成对所学课程、专业内容的初步认知，加深对专业理论的理解，促进理论联系实际；使学生明确在企业进行生产、建设、管理、服务第一线实践的目的、意义，初步确立未来岗位应用和为第一线服务的意识。二是创新能力目标。实践教学是将理论知识运用在具体实践中的一种教学，其目标是培养学生具有勇于创业的思想，学习利用专业知识和技术进行创

业、就业，以此获得真实工作环境中所需要的各种技能和本领；并培养学生掌握创造性思维方法，激发学生的创新意识和创新能力。三是综合应用能力目标。通过实践教学使学生掌握综合运用相关专业知识和专业技能，有效解决实际问题；能够承受现代社会科学进步和技术竞争的压力，对专业技术发展具有较强的学习能力；养成严谨的工作作风，掌握科学的工作方法和探索新知识、新技术的方法。

（二）实践教学内容体系构建

根据实践教学内容及其培养任务的特点，按照从简单到复杂、从基础到应用、从单项到综合的循序渐进的认识规律，从整体上对实践教学内容进行系统设计，可将其分解为六个内容模块。一是基础训练模块。主要任务是培养支撑专业技术能力的相关技能和基本素养，通常开设计算机文化基础、大学语文、军训、德育、体育等公共课的实践教学与训练[1]。结合实践教学目标的要求和课程特点，提出可行的实践教学要求，安排实践教学环节和实施方案。二是实验教学模块。主要任务是培养学生追求实事求是的科学精神和严谨的工作作风以及实际动手能力。主要包括：各类基础性实验、专业实验和应用性实验等。三是课程设计模块。主要任务是培养学生运用课程的知识与技能，解决具有一定综合性问题的能力。通常是结合专业课程进行，一般安排在相关专业课程的后段时间实施。四是实习（实训）模块。主要是学生在校内外教师的指导下，在实习（实训）场所进行模拟或实际的工作，以获得有关的知识和技能。

（三）实践教学支撑保障体系构

一是人员投入保障。相对于规范的理论教学，实践教学的个性化指导要求更高，需要教师的投入也更多，为保证实践教学的有效开展，必须保证足够的人员投入。二是经费投入保障。加大对实践教学的经费支持，加强实践教学场地的建设力度，确保各类实践教学顺利开展，如增加社会调查经费、教育实习经费等；支持实践教学项目的开展，促进实践教学改革，提高实践教学的质量。三是制度建设保障。健全实践教学的各项规章，为实践教学顺利实施提供制度保证，以确保实践教学顺利开展。主要规范各部门、各类人员担任实践教学工作的职责分工和管理规定，实验室、实训室、实习基地等实践教学基地建

---

[1] 赵彤. 新建应用型本科实践教学体系构建研究以商科专业为例 [M]. 南京：东南大学出版社，2016：87.

设与管理方面的规章，实践教学检查、评价、奖惩方面的制度等。

（四）实践教学管理评价体系构建

一是实践教学过程管理评价。过程质量是保证实践教学最终质量的基础，加强对实践教学的全程评价，促进各专业认真做好实践教学的各项准备工作，协调实践教学过程中的问题，保证实践教学各环节、各项活动顺利实施。二是实践教学态度评价。由于实践教学的个性化指导要求更高，教师的工作责任感直接影响实践教学效果，所以对指导教师在教学过程中的态度进行评价就非常重要，通过评价管理，增强教师的责任感。三是实践教学效果评价。通过对实践教学质量的监控和效果的反馈征集，对实践教学各方面的成效进行考核判断，检查实践教学工作取得的实际效果，发现实践教学过程中存在的问题，提供全面真实的反馈信息，促进实践教学不断改进和实践教学质量提高。

三、实践教学的基本类型

实践教学过程是学习者凭借直观的物化工具，将知识内化为个体经验的过程，由于知识关涉的对象和生成方式不同，知识内化为个体经验的形式也会有所差异。根据知识关涉的对象和生成方式上的不同，可将知识分为自然知识、社会知识和人文知识。

（一）自然知识的实践教学——基于经验事实的真假判断

自然知识是一种描述性知识，旨在通过一定的概念符号和数量关系反映不同层次自然界所存在的"事实"和"事件"。自然知识具有一定程度的普适性，无论是谁，也无论他处于一个什么样的社会背景中，只要他遵循一定的自然科学范式，他都能够理解某种科学知识，能够对某种科学知识的真伪进行逻辑上或经验上的检验。这种知识的检验可以通过经验事实进行证实、证伪或逻辑上进行证明，得出真与假的结论。

自然知识的实践教学是基于经验事实的真假判断，主要有两种形式：一是学生模拟知识的发现过程（或对知识进行验证），教师的任务不是讲解、演示或证明，而是提出问题，向学生提供分析和解决问题所需的各种材料、设备以及其他服务。当然教师同时还充当激励者、引导者和组织者的角色，在学生碰到依靠自己力量不能解决问题时给予指导和帮助。二是学生参与知识关涉程度高的物质生产活动，考察相关知识在物质生产活动中的效用，获得利用自然科学知识改造自然，造福人类方面的基本能力。比如，组织学生到工厂、车间参观实习。

（二）社会知识的实践教学——基于社会事件的价值辨析

社会知识是一种"规范性知识"或"策略性知识"，旨在借助一定的理论传统和价值立场，对社会事实或事件的现状与发展趋势进行系统化、类型化或模型化的分析，并得出或暗示有关的实践建议或策略[①]。社会知识不是一种普遍性和指示性的知识，而是具有文化性和功能性的知识。所谓文化性，是指社会知识是从日常生活语言中选择出来的，因而与社会的文化传统和主导价值观念之间有着密切的关系。所谓功能性，是指它本身具有某种或明或暗的价值区分、评价标准，并能因此引起社会反应的功能。

社会知识的实践教学是基于社会事实的价值辨析，也有两种基本形式。一是组织学生接触社会事件或事实，选择一定的理论和价值立场，对这些社会事实或事件进行解释。教师可以带领学生参观、访问，开展社会调查研究，以此接触社会事件或事实，并帮助学生进行价值分析，提出合理化的建议。二是组织学生直接参与社会活动，成为某些社会事件或事实的当事人。

（三）人文知识的实践教学——基于生活场景的精神交流

人文知识是一种具有反思性的人生体验性知识，旨在通过个体对已有的价值实践的反思，丰富个体对人生意义的体验，提升人生境界。人文知识是作者个体独特的人生遭遇和内心经历的结果，具有个性色彩。其表达方式经常不是通过逻辑的或实证的渠道来进行的，而是通过隐喻的渠道进行的。因此，同样的素材会出现多种多样的体验和回答。人文知识的真理性在于它们能否帮助个体从日常生活的习惯、程式中摆脱出来，以一种新的眼光来重新打量自己的生存状态和生存理由，并为学习者提供新的、可选择的生活方向。

人文知识的实践教学是基于一定生活场景的精神交流，基本形式是将学生置身于某一生活场景之中，唤醒学生已有的某些经历，从而产生移情体验，引导学生开展对话交流，获得对人生意义的感悟。教师要创设一个真诚、自由、开放的教学氛围，将学生的身心引入一定的生活场景，这是人文知识实践教学的起点。移情和对话使自我经历与人文知识之间建立起一种关联，从而使个体获得某种精神感受，为自己的生活开启一扇窗，打开一道门，开辟新的人生意义空间。

---

① 孟兆怀. 实践教学的行与思 [M]. 成都：电子科技大学出版社，2013：305.

四、高校实践教学的目标

实践教学的基本目标是要切实加强学生基本技能和专业技能的训练，培养学生动手能力、创新能力，即培养学生能运用基本理论和专业技能探索新知识，对事物进行观察、想象、判断、解决问题而进行创造性活动的能力。它是培养创新人才的重要途径之一。

第三节　高校实践教学存在的问题及原因分析

一、高校实践教学存在的问题

（一）重知识讲解，轻能力培养

我国高校始终存在着重知识传授轻能力培养的问题，反观西方发达国家则十分重视实践教学，比如英美等国强调学生的动手能力和自由发展，德国强调学生在实践中磨炼，英国的高等教育机构普遍实行"三段制"教育体制，即学生一段时间在校学习，一段时间到工厂实习，工读交替进行的教学计划。[①]目前，一些办学者不顾形势变化的需要，仍强调以理论教学为主，实践教学为辅；而即便有实践教学观念，但实践教学观念陈旧，特别是现在一些由许多专科或中专学校合并组建而成的新建院校，办学基础条件差，教育观念陈旧，实践教学原本就存在着严重的先天不足，仍沿袭那种脱离生产实际，脱离社会需求，只注重理论知识传授，忽视能力培养的旧的教学模式。

（二）实践教学体系有待完善

实践教学体系的设计和实施不仅要在实践教学环节中时刻重视学生实践能力的培养，在课堂教学中也要采取多种形式注重实践能力的提高。目前一些高校教学计划中理论教学课时占比仍然偏重，专业技能课时安排较少，实践特色不明显。有的院校虽对专业教学计划进行了重新修订，确实也加大了实践教学的比例，但由于扩招速度较快，致使办学经费严重缺乏，实践教学基地无法保

---

① 江捷．英国高校实践教学的启示［J］．理工高教研究，2007（3）：40-41．

证,实践教学进一步被削弱,很多实践教学课程和环节无法到位,专业教学计划执行不够严谨,往往把实验、实习、实训的学时挪作他用,这些情况导致了学生的理论与实践脱节,不利于学生实践能力和创新精神的培养。

(三) 实践教学师资力量较弱

近年来许多高校扩招,师资缺乏,教师外出进修学习时间和机会很少,理论水平较高,实践能力很弱,缺少或根本没有企事业工作单位的经验。高校尽力聘用来的博士生、硕士生大多是从一所大学到另一所大学,所受到的教育基本就是理论教育,本身并没有经过职业技能训练,而毕业后主要精力放在职称和工作量上,对实践教学投入的时间不多。[①] 所以实践经验缺乏成为我国高校教师的"硬伤",由于"双师型"教师缺乏,不能做好学生实习实训的指导工作。有些教师知识老化,技能单一,新知识、新技术、新设备了解甚少,更缺乏现场经验,根本不能保证实践教学质量。再加上无法从制度上保证实践教学人员地位和待遇,导致许多优秀教师不愿意专门从事实践教学,从而难以建立起一支稳定的实践学师资队伍。

(四) 实践教学管理相对松散

目前,有些高校的实践教学管理较为松散,没有建立一整套关于实践教学的管理制度,缺乏对实践教学质量积极主动的自我约束机制,实践教学有较大的随意性,缺乏制度化的全过程监控体系。实践教学考核评价体系也不科学,一些高校依然采用以学习成绩为主的人才培养考核评价体系,面对学生实践中产生的千差万别的创新成果和创新水平,无法做出公正而又科学的评价,其结果是既难以考查教师的实践教学水平,也不利于学生创新意识和实践能力的培养。一些高校建立起来的制度也不能真正落实,对实践教学的要求远没有对理论教学要求的那么严格。在对学生的考核中,很少有学生实践课不及格,更不会因实践课不及格而毕不了业。从而不利于学生实践能力的培养,也大大影响了实践教学的效果,阻碍了实践教学的发展。

(五) 实践教学经费投入不足

实践教学活动的开展需要一定的经费支持,然而大多数高校教育经费不足。实践活动要在一定的场所进行,然而一些高校不重视校外实践基地的建立

[①] 谢学旗. 高校实践教学存在的问题及对策探究 [J]. 史志学刊, 2013 (6): 249-251.

和完善，没有建立相对稳定的校外实践教学基地，有些学校校内基本无实习场所，校外缺乏相对稳定的实训基地，给实习实训工作带来较大的困难。少数学校基于实习压力和实习经费的吃紧，干脆让学生自己联系实习单位，以致实习地点点多面广，难于管理，实习的单位与学生并无利害关系，因而对学生的实习过程指导不够，督查难以到位，更无法保证实习质量。还有的企业单位不愿接收实习生，认为麻烦，即使勉强接收也是应付了事，实习收获甚微。资金短缺，实践教学条件跟不上，严重制约了实践教学的发展。

二、高校实践教学出现问题的原因

（一）高校招生考核目标相对单一

国际上，高等学校的定位通常比较精确，如美国的高校可分为研究型大学、博士授予大学、综合性大学、普通四年制学院、社区学院及专科学校，它们均有各自定位，彼此之间竞争并不激烈，而我国过去对学校的设置则由中央和地方各级部门依各自管辖权限而设，相当多的学校不能主动适应市场需求，不能准确定位。高校扩招以后，行政主管部门对学校缺乏分类考核，并且把学校领导的级别与学校规模、科研水平和学位授予点直接联系起来考核，致使高校无暇顾及实践教学环节。

（二）高校教师考核目标相对单一

教育行政主管部门对高校考核目标的单一化，导致学校对教师考核目标的单一化。各高校为了争升格、设点，将不切实际的科研任务强行分摊到教师身上，并以此作为其优胜劣汰的考核标准。20世纪90年代末期开始，一些高校实行校内津贴制度，将教师的级别大幅度增加，通常学校将教师按照资历（含学历）、职称、科研成果、研究项目（与项目级别和经费数额挂钩）、获奖、情况等进行综合排队分为9个级别至12个级别，这种排队最主要的依据就是科研得分，考核教师在不同级别的刊物上发表论文数目的多少，申请科研项目和科研经费的多少，这种做法导致教师没有心思、没有精力重视实践性教学环节。

（三）高校用于实践教学的经费受限

如果说企业的行为基础是赚钱，那么高校的行为基础则是通过对钱的使用来满足社会各界的教育需求从而维持学校的声誉。尽管许多人认可大学对社会经济正发挥着日益重要的作用，但日益增长的办学费用和摇摆不定的资金来源已使世界范围内的高等教育面临严重的财政问题。从我国高校的实际来看，那些经费来源主要由地方财政拨款的高校往往情况更为严重。地方财政对高校的拨款仅够支付教师的部分工资，教师津贴和学校发展都要靠学生的学费收入，学校最紧要的事是规模扩大，申请更多的学位授予点，提高级别。没有精力、没有能力解决实践教学的问题（如实验室建设，实习基地建设，实验教材编写），形成学校实践教学的"瓶颈"。

第四节 高校实践教学体系建设的原则与策略

一、高校实践教学体系建设的原则

（一）明确实践教学体系的定位

实践教学体系要有明确的目的性，要针对专业的特点，分析学生未来岗位所需要的知识结构和能力结构，以此来确定各专业实践教学体系的总体框架。确立适应时代需要的人才培养目标，根据专业需求安排相应的设计、验证类实践课程。对传统的设计方法以及实践课程进行改革，建立一整套系统的、以素质教育和能力培养为目标的实践教学体系。

（二）增强课堂选择性与实用性

实践教育应本着"学以致用"的理念，根据社会需求和学生就业需要，建立完善的实践教学体系，充分利用各方面有用的信息资源，结合实验、实践，以学生技能的发挥为目标。课堂教学中更强调选择性与实用性，培养学生除了掌握必要的技能外，提高自身创新能力和综合应用能力。通过多层次、多样化知识结构的实践教学，使学生在今后的工作中能表现出自身才华。

（三）实践教学与社会需求接轨

现代社会行业发展迅速，知识更新快、就业压力大。这就要求本科实践教学应本着宽口径、厚基础的原则，以前瞻的理念进行实践教学。培养能胜任与本专业相关的行业的学生，更好地适应社会的需求。

（四）实现教学系统化与一体化

实践教学体系应符合从简单到复杂、从低级到高级、逐步积累和深化、循序渐进的认识规律，即整个实践过程形成一个系统。由于理论教学与实践教学有密切的联系，为了便于形象直观地教学，有条件的课程要集教室、实验室、实训室于一体，营造良好的氛围和环境，把"教、学、做"有机结合起来，提高教学效果，增强学生综合能力。

（五）兼顾一般能力培养与专业技能传授

针对各个专业确定一个实践教学目标，使实践教学活动紧密围绕这个教学目标展开，可以取得事半功倍的教学效果。实践教学目标的制定必须依据具体的教学内容和教学对象，"因人制宜""因教制宜"是制定实践教学目标的出发点，实践教学体系应包括适应学生未来岗位的专业技能，还应包括与专业技能相关的一般能力，如收集处理信息的能力、获取新知识的能力、分析和解决问题的能力、语言表达的能力以及团结协作和社会活动的能力等等。

二、高校实践教学体系建设的策略

（一）优化人才培养方案

人才培养方案设计是关键。在理论课程的设置过程中，要充分考虑到社会对人才的全方位要求和毕业生未来发展的要求，使学生具备较为厚实的基础理论知识和必要的人文社会科学知识，为学生未来的可持续发展奠定基础。要优化课程结构，构建"宽口径厚基础、重应用、多方向、可调控"的课程体系，综合设计课堂教学、实践教学第二课堂和校园文化。

为做好实践教学顶层设计，高校要坚持原则，对本科培养方案进行优化，提高实践环节占教学计划总学分（学时）的比例，结合辅助培养计划、复合型人才培养计划以及卓越工程师培养计划等专门培养计划的实施，凸显实践教学在应用型创新人才培养中的重要地位。

教材改革与建设是推进教学改革、提高教学质量的重要部分。应用型本科专业的设置与地方经济建设紧密结合，反映的是社会现实和未来发展对新兴应用型学科专业的必然性和现实性需求。但现有的教材体系基本上是按照硕士普通本科和专科分类。应用型本科教材建设必须全面体现与市场"零距离"接轨的理念，凸显实践性。在内容上，要整合优化本科与专科类教材的特点，处理好继承和创新的关系；要严格保证应用型本科人才培养中所必备的基础理论知识和专业知识，以区别于技能型的高职人才培养。同时，要突出现代工程技术中的技术点和技能点。在教材的形式上，可有印刷版、电子版、网络版等多种形式。

优化人才培养方案设计，加强思想政治理论课所有课程的实践环节。强化高校"思政课"教学的实践性、坚持实践育人导向。实践教学是增强"思政课"教学有效性的重要途径，对于促进大学生了解社会、认识国情、增长才干、奉献社会、锻炼能力、培养品格、增强历史使命感和社会责任感，具有不可替代的重要作用。新形势下，高校"思政课"如何真正做到坚持以学生为本，面向社会，走向开放，回归生活世界，是实践教学改革的重要课题。通过开放与融合的路径，把"思政课"实践教学与大学生社会实践相结合，构建"课程活动化，活动课程化"模式，是目前"思政课"实践教学模式的现实选择。

"课程活动化，活动课程化"模式的主要操作流程是：在学校关于人员、政策与经费等条件保障到位的情况下，"思政部"与学校团委等相关职能部门合作，具体制订"课程活动化，活动课程化"实施方案，将大学社会实践纳入思想政治理论课实践教学的教学计划中，根据思想政治理论课的课程内容和当年大学社会实践工作要点，以项目资助的小分队与选题自拟的个人实践相结合，"以点带面"地推动全体学生的社会实践，有组织、有计划地引导学生带着选题，走出校门，深入社会，进行参观调查、志愿服务、社区服务、公益劳动等社会实践活动，根据学生的调查报告、实践论文、实践表现、获奖情况、社会反响等评定实践课程成绩和给予学分，并及时进行社会实践活动的总结、评价与表彰。社会实践是在学校和社会之间建立的一个开放的教育系统，通过它可以使抽象的理论教育同火热的社会现实相结合。

(二) 改革教学运行机构

为保障实践教学的顺利进行，就必须构建和完善具有产、学、研一体化特色的教学运行机构。这些运行机构以学科和专业为依托，以学科专业带头人和骨干教师为主要力量，利用现有学科专业的智力资源，融教学、实验、科研开发产业为一体，具备教学性、应用性、训练性、创新性教育培养功能。它们在保证教学的基础上，面向社会和企业进行应用科学研究和开发，为社会提供技术应用服务，同时注重将最新成果和市场信息及时传授给学生，不仅是学校应用型人才培养的基地，而且成为与市场"零距离"接触的载体。

1. 建立工程中心或实训中心

工程中心或实训中心既可以进行技能训练，又可开展课题研究；既可进行实验、实习，又可进行岗位实践；既能承担工程项目和生产任务，又可模拟仿真生产过程；既可为学生按行业要求设计实训项目，又为地方对工程技术人员的知识更新、职业培训、新技术推广提供基地。高校要加强实验室、实习实训基地、实践教学共享平台建设，依托现有资源，努力建设一批国家级实验教学示范中心、国家级大学生校外实践教育基地和实训基地。基地建设可采取校所合作、校企联合、学校引进等方式。要依托高新技术产业开发区、大学科技园或其他园区，设立学生科技创业实训基地。

2. 创办学校科技型企业

应用型本科高校要努力建设教学与科研紧密结合，学校与社会密切合作的实践教学基地，创造条件强化现场教学环节。根据地方经济社会发展和学校应用型人才培养需要，参照公司运行机制，依托学科专业办企业。建立校办企业与教学单位紧密结合的关系，使产学研统一在应用型人才培养体系之中，形成校内产学研一体化的实体企业。教师可以围绕产品组织教学内容，促进教学内容和课程体系的改革，学生可以参与产品生产技术开发，以此缩短教学与实际生产一线之间的距离。

3. 创建职业技能鉴定中心

职业技能鉴定是一项基于职业技能水平的考核活动，属于标准参照型考试。它由考试考核机构对劳动者从事某种职业所应掌握的技术理论知识和实际操作能力做出客观的测量和评价。结合地方经济发展的需要创建开放性的职业技能鉴定中心。在人才培养方案中设置一定学时的职业技能课程，使学生在校期间通过培训获得职业技能证书。职业技能证书的获取不仅内化了学生所学的理论知识，强化了技能水平，而且为学生就业增加了砝码。

搭建应用型人才创新创业平台。应用型毕业生的就业竞争形势日趋严峻，面对新的形势，如何增强学生的就业竞争力是应用型本科院校面临的严峻挑战，搭建应用型人才的创业平台是解决这类问题的重要手段之一。不管是否能将项目推向市场或产业化，都能使学生在这个过程中进一步消化吸收理论知识，丰富实践经验，提高社会化程度。高校要大力加强校企合作校所合作，建立教学与科研紧密结合，学校与社会密切合作的实践教学基地，搭建与学校办学规模相适应、数量足够、形式多样的实践教学平台，积极促进实践育人合作机制形成，开创社会各界共同支持的工作局面。

实践育人平台是开展实践育人工作的重要载体。网络虚拟型实践平台能够使网络教育资源更宽广灵活，教育路径更开放；课堂融合型实践平台能够将第一课堂、第二课堂和第三课堂相互融合，相互联通，将多学科相结合的课程设置、知识与能力的培养融为一体，丰富教学实践形式；文化渗透型实践平台能够使学生始终处于主体地位，更贴近学生，能更好地发挥育人功能，促进学生健康全面发展；主题引领型实践平台能够让更多的学生受到正能量的鼓舞，激发学生的积极性和创造性。①

（三）深化政用产学研合作

应用型本科高校要实现应用型人才培养目标，仅仅依靠学校是难以完成任务的，必须依靠政府、企业和行业的力量，深化政用产学研合作教育。"政用产学研"是一种创新合作系统工程，是生产学习、科学研究、实践运用的系统合作，是技术创新上、中、下游及创新环境与最终用户的对接与耦合，是对产学研结合在认识上、实践上的又一次深化。随着信息技术的发展和创新形态的演变，以用户创新、开放创新为特征的面向知识社会的创新越来越得到重视，政府在开放创新平台搭建和政策引导中的作用以及用户在创新进程中的主体地位进一步凸显。从"产学研"合作到"政产学研""政产学研用"，到"政用产学研"，虽然只有一两字之差，但后者进一步强调了应用和用户，突出了产学研结合必须以企业为主体，以用户为中心，以市场为导向，进一步突出了知识社会环境下以用户创新、开放创新、协同创新为特点的新趋势。

深化政用产学研合作教育，应用型本科高校要加强实践教学与生产过程对接、与创新实验对接、与毕业成果（毕业论文或毕业设计）挂钩，实现"工作中的学习"和"学习中的工作"的辩证统一。高校的人才培养能更加适应社会企业的需求，以高素质的专业人才来完成对行业内的转型需求。同时在人才产出的同时引进社会专业人才，对高校的人才库进行充实。

首先，实践教学与生产过程对接。除了在校园内进行和展开实践教学活动，应用型人才培养还要注重实战训练。支持理工类的学生走出校园，到生产第一线体验产品的操作程序，及时了解本专业最先进的设备和最优秀的产品，及时了解最前沿的科技信息、研究成果，支持学生参加企业技改、工艺创新等实践活动。文科类的学生在投身社会调查、专业实践的过程中培养自己的口头和书面表达能力、人际交往能力和组织协作能力。在实践教学环节，要聘请社会与企业专家、工程技术人员担任兼职教师，承担相关课程的教学和实验工作，指导学生实践教学活动，让学生学到更多的书本上学不到的知识。

其次，实践教学与创新实验对接。学校以大学生创新性实验计划、学科竞

---

① 费拥军. 高校实践育人路径的优化探究 [J]. 教育与职业, 2014 (9): 40-42.

赛等工作为抓手，不断深化实践教学改革，建立了三级管理、滚动发展的大学生创新性实验计划培育体系，强化了学生创新能力的培养，实现了工程实践与创新能力培养的无缝对接。应用型本科高校可以积极主动地参与行业的技术研发，帮助行业解决生产过程中的具体技术问题，既有助于培养学生的实践能力和创新能力，又能凸显和增强高校教师的实践教学能力和科研实力。

最后，实践教学与毕业成果（毕业论文或毕业设计）挂钩。毕业论文或毕业设计的质量是检验大学生本科阶段学习成效的重要指标。校地联合指导学生实践。学校从合作单位选聘导师与学校导师共同指导研究生开展课题研究、指导本科生开展毕业论文（设计），实行"双导师制"；与合作单位共同安排实习指导人员，结合教学和生产规律、基地生产情况和人才培养要求，精心设计实习内容，共同编写实验实习教材（教案），科学安排实践教学内容和教学计划。结合专业的特点和学生自己的能力与兴趣，把实践教学贯穿在毕业论文或毕业设计形成的全过程，加强实践教学管理，提高实验、实习、实践和毕业设计（论文）质量。

（四）培育优质师资队伍

师资力量不仅影响着学校的教学水平，学校形象，而且对培养人才有直接影响作用。应用型本科高校以培养高素质应用型人才为己任，办学定位和人才培养目标与学术型高校存在差异，其师资队伍建设也应有不同的质量标准。高校在应用型人才培养的过程中，既要对学生进行现代科学和文化知识的教育，也要对他们实施各类实用型职业技能的训练。"教师是实践教学的组织者、指导者，操作技能的示范者，所以从事实践教学的教师就必须有较宽厚的理论知识、有相应的技术操作能力、有组织协调能力和综合分析能力。"[①] 培养具有较强动手能力的应用型人才，势必要求教师特别是专业课和专业基础课教师具有"双师型"教师素质。"双师型"教师应该认识并懂得应用型人才的培养规律，认清自己的教育职责，要改变以教为主的观念，树立以学生为中心的理念，增强为学生服务的意识、教育质量意识、市场竞争意识和与市场接轨的意识。"双师型"教师应具有很强的实践能力。

"双师型"教师必须具有丰富的教学经验和在生产实践、业务实践、技术应用方面实际处理各类问题的能力。高校培养"双师型"教师的基本途径：

---

① 周菁. 应用型人才培养目标下高校实践教学教师队伍建设研究[J]. 教育探索, 2011（9）: 109-110.

一方面，要鼓励教师增加实践经历，要求教师到合作企业或社会各部门进行实践锻炼，或参加合作项目的开发，促进教师实践能力与实践素质的培养、专业建设、课程建设和教学改革；另一方面，学校聘请合作企业的工程技术人员到校兼职，与教师结成师徒关系，让教师了解产业、行业发展的新动向、新要求、新技术、新工艺，并通过教师及时反映到教学中去，提高学生的实践技能。"双聘"指学校聘任企业人才兼职教师，企业聘任教师兼职工程师、设计师等；"双挂"指教师到企业挂职，学校接受企业高级人才到学校挂职，挂职时间一般是半年到一年。

应用型本科高校教师都负有实践育人的重要责任，实践育人是全员育人、全程育人、全方位育人。高校要完善教师实践育人的规定和政策，加大教师培训力度，不断提高教师自身的实践能力和实践水平，增强实践育人实效性。应用型高校要聘用具有丰富实践经验的专业人才，要配齐配强实验室人员，提升实验教学水平。应用型高校还要统筹安排教师指导和参加学生社会实践活动，提高学生社会实践水平与质量。学校要有计划地组织思想政治理论课教师、辅导员和团干部参加社会实践、挂职锻炼、学习考察等活动。教师实践育人工作要计算工作量，并纳入年度考核计划。实践教学的有效性离不开教师，其积极性需要用合理的绩效和奖励制度来保障。

（五）构建质量监控、反馈与改进的闭环

1. 构建闭环的实践教学质量保障系统

任何一种高效运行的机制体制均离不开科学的体系设计和合理的操作程序，质量保障系统也不例外，它是由多个环节构成的双重闭环体系：教学组织指挥环路和教学质量决策环路。前者是由教学组织指挥系统、教学基本建设系统、教学过程管理系统、教学系统和教学运行监控反馈系统组成；后者是由教学质量决策系统、教学质量信息数据库、信息采集处理反馈系统、教学水平质量评估系统及教学组织指挥环路中的教学组织指挥系统、教学基本建设系统、教学过程管理系统、教学监测与反馈系统构成。两个闭环应各自独立，又互相交叉，从最初确定教学质量目标开始，经过组织指挥系统严密的组织协调和一系列教学基本建设、实施、评估诊断和多种方式的信息收集处理，最终形成科学的改进措施并将其重新反馈给教学质量目标系统，帮助其调整、修正。通过这一闭路循环以实现教学质量的持续改进。保障体系内的各个子系统又是由许多教学管理环节所组成的闭路循环结构，这些环节相互依赖，环环相扣，形成相对固定的运行程序和持续改进机制。在整个系统的运行过程中，其中任何一个子系统在运行过程中产生的问题和形成的调整决策，都可以及时反馈到目标系统和组织指挥系统当中，从而使得整个教学质量保障系统在运行过程中能够根据实际情况及时进行调整，体现整体和局部的有效连接。

2. 完善监测手段，强化信息反馈机制

首先要加强实践教学质量监控，形成包括教学评估、课程评估、教学督导、课堂听课制度、教学检查、学生调查、毕业生跟踪反馈、本科教育质量年度报告、毕业生就业质量年度报告等系统化的全面教学质量监控系统，对本科教学过程的各个环节适时监测，及时诊断。同时，以状态数据常态监测分析、日常教学检查反馈、课程教学评价、学生学习反馈、督导信息反馈以及毕业生跟踪调查等途径，形成涵盖培养目标、培养模式、培养过程、培养结果四个维度的"自我检查—自我诊断—自我反馈—自我整改"的质量提升机制。

第四章 互联网背景下高校教学模式研究

"互联网+高校教育"是互联网与高校教育相互作用的一种新的模式,也是高校教育发展必经的阶段,将互联网和高校教育紧密地结合在一起,这样可以促进教育事业更加快速地发展,也可以促进互联网的进步,同时为教育工作者提供一种更加便捷的教育方式。本章对互联网背景下的高校教学模式问题进行了分析与探讨。

第一节 教育信息化时代来临

一、教育信息化的定义与特征

(一)教育信息化的定义

在当今社会,各国政府和专家大都认同信息技术有利于推动教育现代化和均衡化的进程。"教育信息化"于20世纪90年代就已在国外教育界成为备受重视的"热词"。所谓教育信息化,指的是"在教育领域全面深入地运用现代信息技术来促进教育改革与发展,加速实现教育现代化的过程,其技术特点是数字化、网络化、智能化和多媒体化,强调开放、共享、交互、协作"[①]。教育信息化侧重于信息技术在教育实践活动中的应用,逐步将教育和ICT(信息与通信技术,Information and Communications Technology)稳定结合,以促进教育成效的提升。

从应用范围来看,教育信息化可分为国家教育信息化、区域教育信息化、

---

① 杨晓宏,梁丽.全面解读教育信息化[J].电化教育研究,2005(1):27-33.

学校教育信息化。① 学校教育信息化又包括基础教育信息化、高等教育信息化、终身及职业教育信息化和教育管理信息化。而基础教育信息化无疑在整个教育信息化建设中处于基石地位。只有基础扎实牢固，才能脚踏实地地构建更深层次的高等教育信息化和终身及职业教育信息化；只有在中小学教育阶段普及信息技术的应用，才能够更平稳地推向整个教育体系，最终实现整个国家的教育信息化和现代化目标。

基础教育信息化，是指在中小学阶段的教育教学及教育管理等活动中充分运用信息通信技术，这一技术包括技术应用和资源配置两个方面。技术应用重点应用于课程整合、教师专业行为和学校管理三个领域；资源配置包括基础设施、信息资源和人力资源三个部分。

(二) 教育信息化的特征

1. 数字化

数字化是指教学手段、教学内容和教学方法更多地采用数字化的方法和内容，更多地利用计算机媒介协助教学。信息时代又被称为数字时代，电子计算机的发明彻底改变了人们的生活。② 当今社会，数字资源存储和数字信息交互逐渐取代了原本传统的信息载体和信息交互形式，表现在教育教学活动中，就是信息教学技术的广泛应用。数字化为教育信息化提供了便利的软硬件条件、多元化的功能、海量的资源平台和量化标准的评价体系，为打造全民学习的环境做好技术支持。

2. 网络化

网络化是指传统的面对面教学模式被网络教学模式所替代，教育信息资源可共享，教学活动时空的限制变小。信息网络是21世纪发展最为迅猛的信息技术，也是对教育领域改变和影响最大的信息技术。

3. 智能化

智能化指的是在教育教学中运用的技术和工具愈加先进，自动化程度高，甚至接近人工智能。现代信息技术被广泛应用于教育领域，教学出现了智能化发展趋势，教学智能化极大地推动了教育效率和效果的双重优化。

4. 共享化

共享化是指随着信息技术的发展，各种教育资源在更大的范围内分享。互

---

① 谢忠新. 中小学教育信息化评估指标构建的思考 [J]. 中国教育信息化（基础教育），2008 (3)：6.
② 王昌海，陶斐斐，等. 中国教育信息化研究 [M]. 贵阳：贵州人民出版社，2009：14.

联网把全世界的教育资源整合在了一起，教育者和学习者可以随时随地使用，这改变了传统教育的孤立性和教育资源的僵化性，推动了世界范围内教育资源的流动和分享，同时也使全球教育资源获得了最大化利用。

5. 虚拟化

虚拟化的教学形式可以利用互联网通信、数据存储等信息技术突破时空限制，是教育信息化的主要标志之一。当前虚拟化教育环境已数见不鲜，比如数字图书馆、虚拟课堂、3D实验室、虚拟校园等。

二、教育信息化的现实意义分析

教育信息化推进了教育体系的变革，开启了教育发展的新时代，无论是教育理论抑或教育实践，都在信息技术的作用下呈现出新的面貌。具体来说，教育信息化的意义主要体现在以下方面。

（一）教育信息化是实现教育现代化的必然路径

从国家层面来看，教育现代化应当囊括教育思想、内容、方式、管理、技术、设施等方面的现代化。很明显，这些教育项目想要完成现代化，都需要通过教育信息化的"改造"。教育信息化不但为教育现代化创设了良好的技术条件和多样的实践路径，而且为教育在现代化进程中所遇到的诸多问题提供了更为先进的分析和处理思维。同时，教育信息化也属于教育现代化的一项建设工程，教育信息化的建设是完成教育全面现代化的必然路径。

（二）教育信息化有利于缩小地域教育发展不平衡的差距

纵观教育发展史，教学活动的基本载体都是学校，即使到了现代社会，世界范围的人才培养基地也是以学校为主，我国也不例外。然而，因为我国经济、文化等客观条件的制约，各地的教育质量、师资力量、教学设施等存在极大差距，学校作为教育主阵地的模式并不能消弭这些差距，甚至还凸显了这些差异带来的诸多缺陷。但随着20世纪末开始的教育信息化，这种局面得到一定程度的扭转。

教育信息化促进了互联网教育的推广，学习者通过互联网能够打破时空的桎梏，随时随地学习——网络学习形式逐渐分流了学校在以往教育中承担的载体责任，扩大了学习人员范围和条件，缩小了地域间教育资源的差异，极大地促进了教育的普及化和民主化。互联网教育也通过流通和共享为学习者们减少了年龄和专业的限制，对终身学习教育理念的贯彻打下了坚实的基础。

（三）教育信息化促进创新人才和创新思维的塑造

创造性人才的鲜明特征即能够在深厚的知识和经验积累上独立进行思考，具有活跃的创新思维和主动的创造意识，具有综合素质和多种能力，兼具个性化和全面化的发展特性。

素质教育的本质就是对创造性人才和人才创造性思维的塑造，而教育信息化无疑能够为创造性人才和创造性思维的培养提供极大助力。

第一，教育信息化为素质教育采取因材施教的教育策略创设了基本条件。教育信息化改变了传统教学必须依靠固定场所和固定时间的属性，将一对一教学、合作小组、远程教学、即时互动等形式通过互联网和多媒体引入教育实践，使学生的学习更加灵活机动，使教师的教学更加具有针对性，促进了学生的个性化和兴趣化的学习成长。

第二，信息技术给予了学生较大的选择权，使学生能够根据自己的求知取向、学习进度、基础知识水平、个人兴趣等选择学习内容。并且，信息技术的应用可以帮助学生利用数据库和检索功能实现对课题的自主探究、自发处理，不但扩充了学生的知识储备，还激发了学生的学习主动性和思维活跃度。

第三，教育信息化具有海量的信息资源及不同的展现形式，可以将抽象的概念通过多种形象和案例具象化地表现出来，使学生能够相对直观地明辨是非，提升思想境界和审美品位，并最终作用于自己的行为举止。

第二节　翻转课堂教学模式研究

一、翻转课堂的定义与特征

（一）翻转课堂的定义

简单地说，所谓翻转课堂就是把传统的教师在课堂上讲解知识、学生课后回家完成作业的教学模式颠倒过来，变成学生课前在家学习教师的视频讲解，课堂上在教师的指导下完成作业。

(二) 翻转课堂特征

1. 教师角色发生转变

翻转课堂能促使教师角色发生转变，使他们从原来的知识讲授者转变为课堂组织者、学生学习活动的引导者。教师发生的这种转变表明他们已经不再是课堂的中心，学生成为教学活动的中心。但在学生的学习活动中，教师依然能发挥重要作用，是学生学习活动的主要推动者，在学生遇到学习问题时，教师一般都会主动地给学生提供帮助。教学活动是变化的，学生的学习活动也是变化的，尤其是在信息时代下，教师在教学活动中面临的挑战更多、更大。翻转课堂是一种能帮助教师应对挑战的有效手段，在翻转课堂中，学生可以更加轻松地学习，学习的积极性也会更高，能通过完成各种学习任务来构建知识结构。教师需要有意识地为学生设计多样的课堂教学活动，能根据学生需要掌握的知识点来选择教学活动，同时，当学生学习完一个单元之后，需要充分了解学生对知识的具体掌握情况，能对学生的学习做出合理的评价，能让学生对自己的真实学习情况做到准确把握与了解。

2. 课堂时间得到重新分配

在翻转课堂中，学生可以更加自由地去支配课堂时间，能根据自己的学习情况制订学习计划，能自主把握自己的学习动态。教师不需要太多的课堂时间，只有当学生遇到了问题需要指导时，他们才能对学生给予合理的指导，这样，课堂教学的效率其实就提高了。翻转课堂翻转了教学的顺序，学生原本需要在课堂上学习的知识就被挪到了课前，这样，课堂时间就被有效节省了，而且，在课堂上教师与学生、学生与学生之间的互动也会变得更加频繁。可见，翻转课堂能重新分配课堂时间，能让学生在自己的学习生活中找到自己的方法，同时也能延长课堂时间，实现课堂时间的最大利用。

3. 学生角色发生转变

翻转课堂模式是一种个性化的教学模式，在这样的模式之下，学生能实现个性化学习，甚至能自行制订学习计划，能自行决定自己的学习地点与时间。在整个过程中，学生更加主动，他们不再被动地接受教师传授给他们的知识，他们能更加灵活地去构建自己的知识体系。在课堂上，教师还可以对学生进行分组，让他们通过小组学习更加高效地学习知识。可见，学生的角色已经发生了明显的变化，过去他们只是知识消费者，而现在他们则是知识生产者，甚至有些已经掌握了相关知识的学生还能承担一些教师"教"的任务，帮助其他水平相对较差的学生进步。

在教育信息化不断发展的过程中，自主探究学习、探究活动越来越受到学生的欢迎。信息技术为学生营造了一种十分舒适的网络学习环境，他们能根据自己的学习需要去选择学习内容、时间与地点，能根据自己的实际情况去开展个性化的学习。不过，笔者需要额外指出的是，翻转课堂尽管能让学生更加积极地参与学习活动，但他们并没有实现独立学习，在其学习过程中，教师对他们的指导还是十分必要的。网络化协作性学习环境中，学生能在考虑到自己实际情况的过程中跟教师、同学完成讨论活动，从而能对自己所学的知识进行重构与理解。

二、翻转课堂对教学的意义

（一）使教学主体变得多元、动态、协商

翻转课堂颠覆了传统的课堂教学模式，打破了传统课堂教学主体单一的弊端，使课堂教学的主体呈现多元化。在翻转课堂中，教学的主体不仅仅有教师和学生，更有家长、学校、社会和国家的参与，翻转课堂成为多极主体的课堂。一方面，翻转课堂让学生课下进行自主学习，"教"的主体由教师转向家长、学校、社会与国家，"学"的主体也不仅仅有学生，更是多主体的"学"。另一方面，翻转课堂的课上互动、探究，为多主体参与的实现提供了时间和可能。

在翻转课堂中，教学主体是处于一种动态发展中的，这主要可以从以下几个方面上看出来：第一，教学主体角色发生动态变化。当教学时空场域发生变化之后，教学主体角色也会发生相应的变化，比如，教师的角色就发生了明显的变化，其已经从知识传授者转变为学生学习的促进者与指导者。第二，教学主体功能价值发生动态变化。借助信息技术平台，教师能将翻转课堂的作用发挥出来，能使教学主体的功能得到最大限度上的发挥，同时，这一功能并不固定，也是处于不断地发展变化中。第三，教学主体行为方式发生动态变化。从教师的角度来看，过去，教师只需要总结教材实施教学，而现在需要录制视频。

翻转课堂可以将教学主体具有的协商性特征展现出来。翻转课堂让教师不再是唯一的知识来源，其他的一些主体也能提供知识，这样，多主体知识体系就很好地形成了，这一体系最大限度上消解了教学主体的权威性，使师生之间的关系变得更加平等、和谐。在教学的各个环节中，翻转课堂都可以将其协商属性体现出来，可以体现在教学方法上，也可以体现在教学内容等方面。教师将信息技术引入课堂教学中，不仅使课堂具有了人性化的特点，而且还使师生关系变得更加和谐。

(二) 集成并共享教学资源

教学资源是教学工作开展的基础,包括文本资源、图形资源、图像资源、动画资源、声音资源和视频资源等类型。翻转课堂打破了传统课堂教学资源的单一性,通过教学视频平台和信息技术支持,把分散的教学资源聚合在一起,共同为教学主体提供最优质的服务。这体现了翻转课堂的教学资源的集成性特征。翻转课堂直接或整合利用网络优质教学资源如 MITOCW、World lecture Hall、BB scholar、中国精品课程等,建构了由理论知识资源实践经验资源和方式方法资源所构成的翻转课堂内容体系。与传统课堂不同,翻转课堂集成了大量教学资源,使得教学资源具有了全面性特征,主要表现为资源数量多,资源质量优化,资源样态动态、可持续。一方面,在翻转课堂教学过程中,师生拥有大量的教学资源,极大地丰富了课程内容,如在电子书包和学科资源网站中,往往集成了大量的教育资源,包括图片、文献、案例、习题和工具书等。另一方面,在翻转课堂视频的制作过程中,教师精选出适合学生年龄特征和个性差异的优质教学资源。此外,从翻转课堂教学资源的样态而言,教学资源不断得到更新、重组,体现了其动态可持续的发展。

从教学资源上来看,翻转课堂还具有明显的共享性特征。翻转课堂上,所有的教学资源都是可以共享的,这就涉及了不少主体之间的利益关系,同时,不同主体对于教学资源的需求也能得到应有的满足。在课前,教师可以给学生提供一些基础资源,让其开展自主学习;在课上,教师可以给学生提供一些提高资源,让其课前知识学习得以深化;在课后,教师可根据学生的课堂表现给其提供一些巩固型资源,这样,学生的学习质量必然能有所提高。

(三) 创新教学载体,使其变得高效、立体

教学载体就是在教学过程中能够承载教学信息的形态,教学载体是根据教学目标设计的。教学载体中包含着丰富的知识内容,这些知识能够以具有规律性的组合形式展示出来,教学载体的应用增强了教学的规范性。在传统教学课堂中,语言、教材是主要的教学载体,虽然具有表意作用但也存在一定局限性;在翻转课堂中,教学载体有了不同的表现形式,主要以各种信息技术为支撑,具有极强的创新性,微课就是教学载体之一。

翻转课堂中的教学形态增强了教学的实效性,打破了传统教学课堂的时空局限,促使教师教学、学生学习的效率都得到显著提升。得益于信息技术的应用,翻转课堂能够为学生提供更为广阔的自由学习空间,学生可以借助平台获得海量信息与知识。大数据、云技术等先进技术的应用为教学活动的记录、教

学信息的储存提供了极大的便利，便于学生通过平台个人数据和记录查漏补缺，减轻教师的教学压力，有利于开展个性化教学，促进教师与学生之间的交流与合作。

在翻转课堂中，教学载体是立体的，教师借助各种教学工具实现与学生的深入互动，引导学生探究知识，促进学生内化知识、深入理解知识，实现教学相长。翻转课堂实现了教学的可视化，教师可以选择视频、图片、影视剧片段等刺激学生的各种感官，激发学生参与教学活动的积极性和热情。现在的翻转课堂以信息技术为支撑，具有以往传统教学模式所不具有的教学优势，有理由相信，随着科技与经济的发展，翻转课堂的技术应用必然会上升到更高水平，翻转课堂将会实现更大的教学进步，在未来，云端学习将成为学生学习的重要形式，教学工具推进教学变革的作用将会变得更加明显。

三、高校应用翻转课堂教学模式的策略总结

（一）课前策略

"翻转课堂"的教学就像学生的课前预习，只有在充分预习的前提下，才能更好地促进教学活动的开展。"翻转课堂"可以为学生营造一个良好的学习环境，激发学生的学习兴趣，最大程度上调动学生的热情，在自我约束的前提下进行自主学习，在进行正式专业内容的授课前可以将自己对知识的疑问整理下来，在课堂上逐一提问，和老师或者同学进行交流，据此，对自己的问题逐个击破，更好地加深学习和理解。同时教师可以利用多媒体信息技术，引入慕课、微课等形式，在课程开始前鼓励学生进行教学课堂之外的学习。不仅能加深学生对知识点的学习和把握，还有利于巩固课堂学习效果。"翻转课堂"的教学模式不仅让学生对所学知识有了充分把握，而且能在学习的过程中获取最新鲜及时的课程资源，为学生的课前学习营造了浓厚的学习氛围。

（二）课中策略

课堂是师生互动交流和知识传授的场所。在"翻转模式"下的课堂教学过程中，师生可以进行良好的沟通交流，学生将自己学习过程中的疑难点当堂提出，其他学生可以发表自己的见解。教师在听取学生们对问题看法的同时，能有效抓住学生在学习过程中的问题，更有针对性地答疑解惑，展开教学工作。"翻转课堂"模式下的教学，能更好地解决学生们的问题，加深学生对知识点的理解和记忆，并加以融会贯通，提升学生的满足感和成就感。

同时，要求教师在该模式下更有针对性地培养学生的表达和逻辑能力，提

升学生综合能力的发展。引入慕课和微课等信息技术，激发学生的学习期待，让学生充满对课程的求知欲。教师可以让学生分组进行学习，在小组讨论的模式下，学生可以自由交流自己对知识点的独特看法。让学生们在该学习环境下进行思想和情感的碰撞，不仅可以加深学生对内容的理解，同时锻炼了学生的表达能力；教师还可以在解决学生疑惑的同时，引导学生更好地透过现象看本质，更有针对性地解决问题，更好地培养学生的观察能力和逻辑思维能力。

（三）课后策略

现阶段的高校教学内容不仅要求提升学生的专业知识水平，更重要的是拓宽学生的专业深度和广度，培养学生综合能力的发展，以期实现素质教育的目标。高等教学的目标更重要的是对学生"软实力"能力的提升——自信心、积极性、情商、表达能力、逻辑能力、推理能力等的提升，让学生在社会和工作中更具竞争性。因此，教师要充分利用起课后的时间，将"翻转课堂"教学模式下的学习环境与学习技能的培养综合利用起来。在具体实践中，教师要更注重专业知识的扩展与延伸，在辩论、小组讨论交流的形式中，实现知识的理解和深化。同时教师还要适当给予学生客观的评价，让学生认识到自身的专业技能的不足并加以改正，更好地贯彻"以人为本"和个性化的教育理念，最终实现高素质人才的培养。

第三节 智慧课堂教学模式研究

一、智慧课堂的概念与特征

（一）智慧课堂的概念

智慧课堂的提出和发展实际上是学校教育信息化聚焦于教学、课堂、师生活动的必然趋势。关于"智慧课堂"的含义，从不同的视角来看有不同的理解。"智慧"通常包含心理学意义上的"聪敏、有见解、有谋略"和技术上的"智能化"两个不同层面上的含义。

因此，对智慧课堂的概念有两种视角的理解：一种是从教育视角提出的，新的课程理念认为，课堂教学不是简单的知识传授或学习的过程，而是师生情感与智慧综合生成的过程，智慧课堂的根本任务是"开发学生的智慧"，这里

"智慧课堂"的概念是相对于"知识课堂"而言的；另一种是从信息化视角提出的，指利用先进的信息技术手段实现课堂教学的信息化、智能化，构建富有智慧的教学环境，这里"智慧课堂"的概念是相对于"传统课堂"而言的。事实上，上述两种视角的认识是紧密关联的，利用信息技术创设富有智慧的课堂教学环境，其根本目的也是促进"知识课堂"向"智慧课堂"转变，实现学生的智慧发展。此外所使用的概念是侧重于后一种视角而提出的，从信息化视角建立"智慧课堂"的概念，是开展信息化教学研究的前提，也是构建"智慧课堂"理论与实践体系的逻辑起点。

现在人们广泛应用的"智慧课堂"实质上就是智能化课堂，是从信息化的视角来界定的，即使用先进的信息技术实现教育手段的智能化，使课堂教学环境更加富有智慧，进而实现教育教学的智慧化。因此可将"智慧课堂"理解为：在信息技术的支持下，通过变革教学方式方法，将技术融入课堂教学中，构建个性化、智能化、数字化的课堂学习环境，打破传统的单向教学，实现师生双向互动，切实提高教学质量和教学效率。

实质上，"智慧课堂"概念的提出与发展既是信息技术在教学领域应用的产物，也是课堂教学自身不断变革发展的结果。我们结合自身的研究和实践探索，提出用几何画板构建数学"智慧课堂"，是相对于传统的多媒体课堂而言的，其核心是要实现技术与数学的双向融合，将技术变成教师和学生构想和验证的工具，在"互联网+"环境下，多方位构建"课前微课导学、课堂互动探究、课后个性辅导"的教学模式，逐步实现教学和学习数字化、信息化、智能化。

（二）智慧课堂的特征

1. 数据动态化

智慧课堂集数据于一体，通过系统的方法与策略采集学生的学习行为信息，分析教学过程产生的数据，依据生成的直观数据结果重构教学策略与流程，实时动态了解学生学习状况，形成动态开放且灵活的课堂，为发掘学生潜能、培养学生高智慧能力、培养学生思维创新能力等提供数据动态依据。

2. 实时个性化

教师可以根据学生的学习需求，通过智慧化平台实时地向学生推送个性化学习内容及资源，能够实时对小组之间合作探索与交流进行评价与反馈；教师可即时检测、评阅学生知识掌握程度。这样不仅教师可以实时掌握学生学情、及时调整教学策略，学生也可根据个人的学习反馈情况及时调整学习方法。

3. 高效互动化

在引进高新教育产品的智慧课堂环境下，教学过程中采取小组协作探究、交流与协商讨论等方式，使得课堂更加高效化，充分体现出高新技术在课堂上的辅助功能。学生端的设备抢答器、教师端的设备随机挑人等都调动了学生的积极性，使师生之间的交流方式变得立体高效互动化。

4. 多元智慧化

智慧课堂中，互动教学系统嵌入大数据技术将课堂中每一位学习者的数据采集下来，再利用数据挖掘分析学习者的学习数据，进而有依据地对学习者的学习情况进行效果评估。智慧课堂模式下的教学充分利用移动学习工具和应用系统平台，使得整个课堂充满技术与智慧元素，通过智能获取与分析课堂教学过程中的多元化数据，智能监测学生学情，构成多元智慧化的课堂。

5. 工具丰富化

在智慧课堂中，技术的融合提供了大量丰富的学科学习工具并嵌入了具体化的情境，为学习者自我知识体系的建构提供了智慧环境，对于基础知识的建构、方法的掌握、技巧的应用等等都具有一定的建构意义。

二、高校智慧课堂教学模式的设计

高校智慧课堂教学模式要求充分利用新兴的技术优势，鼓励学生自主探索、自主讨论、自主分享，积极参与课堂教学互动，培养学生的创新和探究能力。笔者设计的高校智能课堂教学模式主要有以下几种。[1]

（一）情境体验式智慧课堂教学模式设计

情境体验式智慧课堂教学模式是指以教学内容为中心，结合学生的知识水平和生活体验，创设情境教学，以激发学生的学习兴趣，培养良好的学习习惯，提高学习效果，其结构框架如图4-1所示。

---

[1] 李艳、郭玉华. 高校智慧课堂教学模式的设计与实施［J］. 嘉兴学院学报，2021，33（6）：109-114.

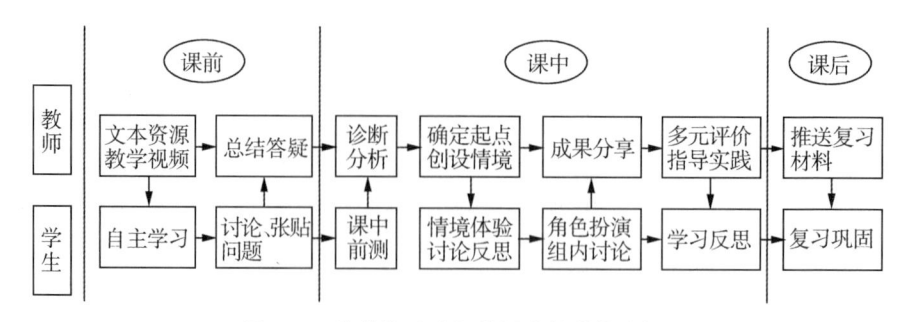

图 4-1 情境体验式智慧课堂教学模式框架

课前：教师根据教学目标和教学内容制作教学视频、课件、图片等资料，上传到教学平台；学生独立学习、讨论和张贴问题，教师总结和回答问题。

课中：学生进行预测试并生成出勤报告；教师获得即时反馈信息和诊断分析结果，确定教学起点，结合学生课堂学习和课前求助创设教学情境；学生进行情境体验、讨论和反思，并通过角色扮演和小组讨论生成体验报告，通过移动终端将其发送给教师；教师可以分享和展示学生的学习成果，并进行师生联合评价、多元评价和指导实践。

课后：教师推送复习材料，学生根据资料进行反思和总结，找出遗漏，填补空缺。

(二) 合作生成式智慧课堂教学模式设计

合作生成式智慧课堂教学模式是将合作学习与课堂生成相结合，围绕智慧课堂的教学目标开展合作学习，在合作中促进学习资源的生成，并借助生成的资源促进课堂过程，其结构框架如图4-2所示。

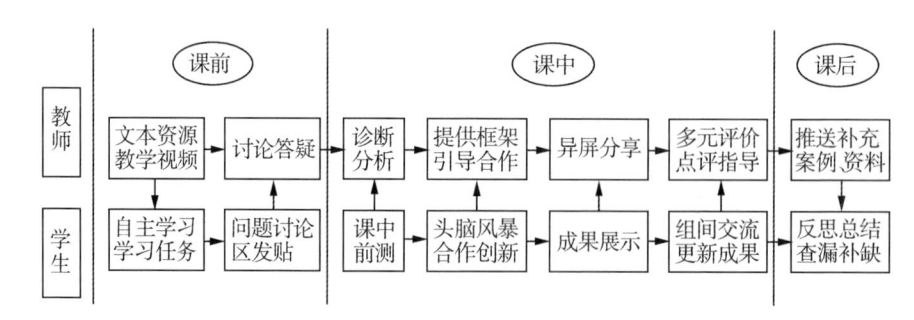

图 4-2 合作生成式智慧课堂教学模式框架

课前：高校智慧课堂合作生成式教学模式的课前阶段与情境体验式教学模式相同。

课中：学生进行前测和智能签到；教师获取即时反馈信息和诊断分析报告，结合学生课前讨论和发帖求助情况调整教学计划，并根据互补性原则对学生进行分组，提供教学框架，引导学生合作交流；学生根据教师提供的教学框架进行"头脑风暴"和合作创新，并通过移动终端将创新成果发送给教师；教师分享和展示各组的学习成果，在通过组间交流和反思更新成果后，学生将其重新传递给教师；教师进行评价和指导，重建教学框架。

课后：教师推送补充案例和材料，学生进行反思、总结、查漏补缺。

（三）合作探究式智慧课堂教学模式设计

合作探究式智慧课堂教学模式是合作教学模式和探究教学模式的有机融合，其要求在智慧课堂教学中尊重学生主体地位，注重学生能力的培养，要求学生在教师的指导下找出问题并解决问题，在实践中学习成长，其结构框架如图4-3所示。

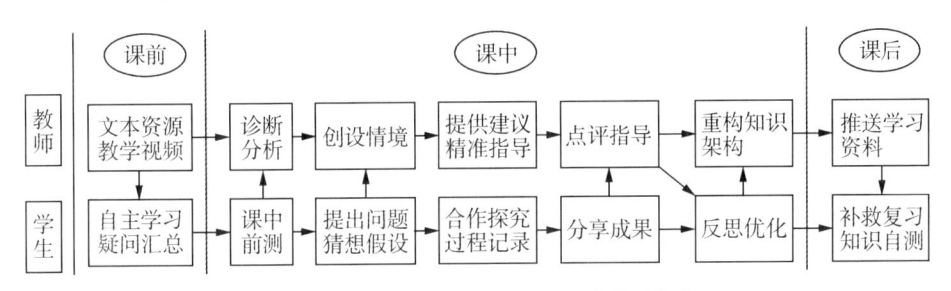

图4-3 合作探究式智慧课堂教学模式框架

课前：教师根据教学目标和教学内容特点，制作教学视频、课件、图片等材料并上传至教学平台，学生进行自主学习与疑问汇总。

课中：学生进行智能签到，并参与前测，教师根据前测结果进行诊断分析；学生进行小组讨论，大胆进行猜想与假设；教师获取即时反馈信息，并结合学生课前预习诊断情况，合理创设教学情境；学生进行合作探究并把整个过程记录下来，教师为学生提供探究建议，并针对学生探究过程进行精准指导；学生利用移动终端将探究结果传至教师端，教师进行点评指导；学生针对教师点评进行反思优化，教师进行总结，重构课程知识框架。

课后：教师推送学习材料，学生进行补救复习与自我检测。

三、智慧课堂教学模式设计优化策略总结

智慧课堂作为课堂教学的新方向，其教学模式的设计、选择、应用要与智

慧课堂教学环境相匹配，要符合智慧课堂对学生的培养目标。智慧课堂教学模式要充分利用智慧课堂的资源进行科学合理的设计，以培养有智慧的人才。在教学模式的设计上，要注重从学生出发、遵循智慧课堂发展的特征。

（一）重视学生个性化

信息技术环境下智慧课堂教学模式的设计首先要关注学生的学情，从课前预习阶段开始，借助信息技术手段对学生的情况进行细致了解，包括学生特征、知识水平、认知能力、学习兴趣等，在对学生的情况了解之后，教师可为学生制定相符合的教学方案。通过持续不断的测试强化，学生对所学知识逐渐巩固，逐步提升自身能力。教师应帮助学生养成良好的学习习惯，借助信息技术激发学生主动学习、主动探索、相互协作解决问题的兴趣。智慧课堂通过网络技术可为学生提供各种学习资源，帮助教师实现了因材施教，教师可根据学生的学习特征进行资源推送，建立符合学生特征的个人学习档案，方便家长和学生随时进行查看和学习。

（二）重视技术支持交互

随着技术的变革，教育教学的交互也在技术的支持下逐步智能化，智慧课堂的教学模式与智慧教育教学环境交互融合，构建了关注学生个性化发展，以培养学生智慧为目标的课堂。在技术的动态发展过程中，各种新型智能软件嵌入交互型智慧课堂教学模式，给教师和学生带来了充分便利，也使交互更为有效。例如，可在智慧课堂云平台建立生生、师师及师生与环境之间的交互，教师在虚拟现实、人工智能等技术的支持下，根据教学内容创设教学情境，使学生身临其境感受真实问题，进而思考解决方法。在解决问题的过程中，教师还可向学生推送相关资源，补充学生课外学习知识。在建立的师生、生生互动学习共同体中，学生可根据任务讨论、发表自己的观点，通过思辨其他学习者的看法以完善自身认识，这对学生来说是隐性的学习能力提升。学习者之间相互学习、互相交流思维看法，对创新思维的提升有很大帮助。

（三）重视注重评价多元化

智慧课堂的教学评价由于涉及智能化信息数据的产生，其评价是多元混合的。教师可通过大数据、学习分析技术等信息技术手段实时收集学生学习过程的数据，通过总结分析，实现精准评价，为后续教学做出科学决策。智慧课堂的教学评价区别于传统教学评价的主要特点是技术支持下采集学生学习数据的方便性，通过采集深层交互数据分析评价学生学习情况，但在此过程中，需保证学生与学习环境的充分交互，这就需要教师在教学设计过程中针对学生学习情况设计学习资源，增强学生和资源的交互。除了常用的评价外，智慧课堂的教学评价可从知识学习与思维发展方面进行，通过采集多次测验的数据进行对比评价，掌握学生思维的变化，以便对其进行后续指导。

智慧教育在信息技术环境支持下受到了教育教学人士的广泛关注。智慧课堂是学生由"知识人"到"智慧人"转变的重要阵地。智慧课堂教学模式是智慧课堂的缩影，其使教师与学生不再局限于技术、环境及自身认识的不足，教师可根据教学模式实现精准教学，学生在教师的指导与技术的支持下实现能思维延展及智慧挖掘，为教育教学带来新的面貌。[①]

第四节 慕课教学模式研究

一、慕课的定义与特征

(一) 慕课的定义

慕课（MOOC）是 Massive Open Online Courses 的英文缩写，即大规模开放在线课程。这其中，"M"代表 Massive（大规模），指的是课程注册人数多，每门课程容量可达数万人；第一个"O"代表 Open（开放），指的是学习气氛浓厚，以兴趣为导向，凡是想学习的人，都可以进来学；第二个"O"代表 Online（在线），指的是时间和空间灵活，使用客观、自动化的线上学习评价系统，如随堂测验、考试等，而且还能运用大型开放式网络课程来处理大众的互动和回应问题，学生自我管理学习进度，自动批改、相互批改、小组合作等形式保证教学互动，全天开放，提出问题5分钟后即能得到反馈；"C"则代表 Courses（课程）。

慕课，不同于传统的采用电视广播、互联网、辅导专线、函授等形式的远程教育，也不完全等同于近期兴起的网络教学视频公开课，更不同于基于网络的学习软件或在线应用。就目前看到的"大规模、开放式在线课程"而言，

---

① 毛群英. 智慧课堂教学模式设计研究[J]. 教学与管理，2021（3）：99.

在慕课模式下，大学的课程和课堂教学、学生的学习进程和学习体验、师生的互动过程等几乎被完整地、系统地在线实现。

慕课作为新近涌现出来的一种在线课程开发模式，它发端于过去那种发布资源、学习管理系统以及将学习管理系统与更多的开放网络资源综合起来的课程开发模式。通俗地说，慕课是大规模的网络开放课程，它是为了增强知识传播而由具有分享和协作精神的个人组织发布的、散布于互联网上的开放课程。

（二）慕课的基本特征

1. 优质性

"优质性"是慕课一直所着力追求的，无论是慕课萌芽时期的《人工智能导论》课，还是相继推出的 Udacity、Coursera、edX 世界三大慕课平台中的课程，或者是当前国内推出的"学堂在线""好大学在线"等慕课平台课程，基本都是由各高校精心组织技术团队，经历长时间的合作研发，经过层层比较竞争，严格把关筛选，符合相关条件的才能最终开发上线。因此，慕课在课程质量上有了一定的保证，可以理解为，慕课平台中的课程资源都是相对优质的教育资源。

2. 大规模

"大规模"意味着慕课课程不同于传统课堂教学，在学习的人数上是没有限制的，规模之大可以达到百十万。没有人数限制的课堂是前所未有的，慕课正是借助信息技术手段翻开了教育教学的新篇章。在慕课平台中，常有成千上万的人在同一个课堂学习。

3. 开放性

"开放性"是慕课的主要特点之一。开放性主要可以从以下几个方面体现出来：一是教学内容的开放，慕课平台中的所有课程资源都是网络在线开放的，是不受时空限制的；二是教育理念的开放，彰显民主和平等，慕课平台中的所有课程资源都是不分种族、不分国籍、不分年龄和经济状况，学习者无论来自世界各地任何角落，都可以通过互联网注册获得需要的资源；三是教育教学过程的开放，上课、作业、论坛交流、测试评价、得到分数，甚至结课认证等，整个教育教学活动都是基于网络平台进行的。总之，慕课真正实现了优质教育资源的全球共享，加快了高等教育公平的实现，促进了教育的国际化发展和终身教育的实现。

4. 技术性

慕课不同于以往的网络公开课程那样简单地将书本搬到网上，而是通过一定信息技术手段,使学习者可以实现与教师在线问答和与其他学习者互动交流等,将整个教学过程搬到了网上;慕课以"短视频"为基本教学单位,每节慕课课程一般被分为若干个15分钟左右的短视频,其间充斥着许多学生必须回答的客观题,是回答正确才可以继续学习;慕课是以云计算平台为支撑的教学模式,实现了海量课程资源的存储与共享;慕课基于大数据的技术手段实现了个性化教学服务。另外,整个慕课平台网站设计精美,这些会在很大程度上激发学生学习的积极性。

5. 以学为本

突出"以学为本"是慕课的核心特征,可以理解为,慕课是以服务和方便学生学习为最终目标的。慕课借助信息技术手段,赋予了世界各地任何想要学习的人们自主选择的权利,慕课通过基于大数据的个性化数据分析,真正实现了"因材施教"。学生完全可以按照自己的知识需要和自己的时间安排,在任何地点获得最适合的学习资源。可以说,慕课能够真正让学生获益,感受到前所未有的学习自由。

二、慕课催生高校教学改革

慕课是一种新兴的教学模式,对于高校的教育教学模式的冲击非常大,也给高校注入了新的活力,不管是学校、教师还是学生,都在慕课的改革下获益匪浅。

(一) 丰富了教学内容,提高了教学的有效性

慕课的教学形式是一次变革,更是对传统高校教学内容的充实。[1] 以往,我国高校的教学只能在课堂上,极大地限制了学生的学习,而慕课让网络学习成了一种重要的学习形式。目前,在实际的教学中,很多高校将慕课作为一种丰富课堂内容的重要手段,不仅仅在课堂上借用慕课内容辅助教学,同时,给学生足够的自由度,学生在课下可以利用慕课来找寻自己知识的盲点和感兴趣的地方进行学习,拓宽自己的知识面,对课堂上的内容也是一个很好的补充。这样,就极大地提高了课堂教学的有效性,对于学生的学习是非常有帮助的。所以说,慕课的教学形式对于课堂教学改革的推动是非常大的,给学生的学习、预习和复习等活动提供了一个非常好的平台,极大地提高了课堂教学的有效性。

---

[1] 余朝兵."慕课"浪潮引发的高校教学改革分析 [J]. 考试周刊, 2019 (11): 16.

（二）增强了教师的教学能力

高校教学改革并不仅仅在于课程的改革，改革针对的对象也不仅仅是学生。同样，教师作为课堂上的两个主体之一，在慕课浪潮下的高校改革当中，也发生了潜移默化的改变。首先，慕课丰富了教师的教学手段。以往，在传统的教学模式下，很多学生一直诟病教师的课堂教学方法单一，无法真正满足学生的要求，而有了慕课的教学形式，教师可以将课堂授课和慕课充分地结合起来，两者相互结合，能够起到最好的效果。其次，慕课的教学形式也给教师的教学提出了新的要求。教师不仅仅要能够讲好一门课，同时，也要结合好慕课的知识来给学生教学，这正是教学改革的延伸内容。教师是课堂的引导者，必须自己的能力足够高，才能够真正地教好学生，这是非常关键的。

（三）改革了教学评价体系

高校教学改革的一项重要内容就是进行评价体系的变革。以往，我国考察学生的唯一指标就是考试的分数，这样评价一个学生是不够全面的。而通过慕课教学形式的引入，可以对评价体系进行改革，将课堂的日常表现、期末考试分数以及慕课的学习情况综合起来作为考察学生的指标，这样，高校学生的评价体系也就更加健全了。对于学生来说，一个好的评价体系不仅仅能够帮助他们学习，同时，也能够促进他们的学习劲头，这正是教学改革推动的一个重要方面。所以说，在慕课的推动下，高校的教学评价体系改革也是非常重要的一个方面。

（四）培养了大学生的自主学习能力

随着网络的发展，与网络紧密结合的生活方式成为常态。而现代大学生精力充沛、思维活跃，对新事物的接受度比较高，是这种生活方式的代表群体。慕课教育以及数字化的交流方式，为学生进行自主学习和交互学习营造了良好的环境，也为学生对知识的质疑和创造提供了条件。同时，慕课教育模式下的自主学习对学生的自律性和自主性要求较高，学生的学习效果和质量也需要借助课堂上师生之间、学生之间的互动交流以及考试等环节来进行强化和巩固。因此，有必要建立行之有效的大学生指导体系对大学生的自主学习进行监督和指导。营造自主学习环境，培养学生的自主学习能力本身就是教学改革的重要内容，恰逢慕课形式的引入，教师就可以结合慕课给予学生更好的环境来进行自主学习，效果自然也就更好。

三、慕课教学模式优化策略

(一) 更新教师教学观念，提升其信息素养

教学观念是教师对教学的看法以及理念，正确、先进的观念能够推动教学质量的提高，为学生营造一个良好的学习环境，丰富教学的手段和方法。[1] 当然，教师长期受到传统教学思路的影响，对慕课教学与案例应用自然认识不明确。针对这样的现象，高校课堂的教学必须结合实际提出解决问题的有效对策，发挥慕课教学的意义。具体而言，学校要对青年教师进行集中培训，转变他们的固有理念，使教师在慕课教学中自主地设计课程，提高教师队伍的教学和组织能力，从原来以教学为主的认知转变为以引导为主的认知。在此基础上，还要注重教师综合能力和信息素养的提高，确保教师能够熟练掌握计算机技术，对慕课教学的优势、方法、特点有一个准确的了解，不断完善他们的知识结构，提高业务素养。另外，教师要认真研究慕课专业知识，不断完善慕课教学方案，创新教学方法，搭建合作学习平台，实现知识分析，加强师生之间的沟通，尊重学生的主体地位，引导学生积极参与慕课教学活动，培养学生正确的学习态度，让学生更为灵活地学习知识，提升学生的知识转化能力和学习效果。此外，教师还应协同学校建立科学的慕课教学审核评价系统，提高慕课技术设备，这样方能充分发挥慕课教学的价值和作用。

(二) 提高学生的自制力

随着我国经济的发展、科技的进步，大学生会受到各种各样的诱惑，外界的新奇事物很容易吸引他们的注意，从而无法集中注意力进行学习，自制力也较差。针对这样的现象，我国的高校学子必须树立正确的三观，坚定自己的理想信念，将学习放在一切活动的首要位置，提高团队凝聚力和向心力。教师也要有目的、有计划地培养学生，对他们的意志力开展教学，构建他们的精神文化。在教学的过程中，也可以采用灵活多样的教学方法，吸引学生的注意力，树立他们的理想信念。如构建慕课翻转课堂教学模式，在信息环境下为学生提供更多的资源，带领学生一同学习新知识，并做好师生之间的互动学习，在沟通和讨论中完成教学任务。

---

[1] 张文杰. 高校慕课教学现存问题及对策研究 [J]. 产业与科技论坛, 2018 (8): 190-191.

(三) 完善网络平台

作为慕课教学的基础，信息化的建设和应用起到重要的作用。高校领导也要不断完善网络平台，构建良好的信息基础。加大数字化校园的建设，实现WiFi全覆盖。同时加大慕课平台的建设，增强平台功能的稳定性及提高平台的吸引力，保障学生自学时能够顺利完成各项任务，以避免因网络、系统等问题使得学生无法提交作业或无法保存学习记录等。可以设置一些有趣的激励机制，在测试环节增加一些量化的指标，如熟练度、经验、等级等，学生可以得到及时的反馈，从而对自己有更全面的了解。

第五节 混合式教学研究

一、混合式教学的定义与本质

(一) 混合式教学的定义

混合式教学是运用信息化手段把线上教学和线下教学两种方式结合在一起的教学模式。通过这种教学模式，使学生的学习从表面化引向更深层次的学习。关于混合式教学模式的内涵，不同的学者有不同的理解。何克抗将混合学习定义为传统学习与网络在线学习的结合[1]。张锦等认为混合式教学不仅仅是线上、线下两种教学方式的简单混合，而是包含教学实践、空间、方式、评价四个方面的混合，简而言之，混合式教学是一种采用现代信息技术，并将整个教学流程进行混合的教学模式[2]。大部分学者对混合式教学持积极态度，认为混合式教学在物理环境、传播途径、互动方式等方面较好地融合了线上教学和线下教学的优势[3]。

综上所述，混合式教学并不仅仅使用线上平台，而是把线上教学与线下教学简单混合、双线交替的形式，科学、合理地规划现有资源，扬长避短地发挥

---

[1] 何克抗. 从 Blending Learning 看教育技术理论的新发展 [J]. 电化教育研究，2004 (3)：1-6.
[2] 张锦，牡尚荣. 混合式教学的内涵、价值诉求及实施路径 [J]. 教学管理，2020 (9)：11-13.
[3] 杨一丹. 深度学习场域下的高职院校"线上线下混合式教学"常态化构建 [J]. 江苏高教，2020 (6)：77-82.

各自的教学优势，促进学生的深度学习。

(二) 混合式教学的本质

1. 混合式教学是动态关联的耦合系统

混合式教学过程的各个存在要素组成相互关联、互为影响的耦合系统。教师与学生双方都具有自我组织教与学的意识与能力，师生秉持共同目标，同时在一定质态、一定数量的教学信息激发下，使学习过程中产生的问题、障碍达成顺应、一致的过程，继而促进教学过程有序化。混合式教学中的在线教学部分和面授教学部分两者是优势互补关系，不存在谁替代谁的问题，它们具有共同的教学目标，即高效地完成教学活动。

2. 混合式教学是在线教育的扩展与延伸

混合式教学不同于以往的在线教育、网络教学，我们可以把它理解为在线教育或传统教育的延伸或扩展。首先，混合式教学将传统的教学优势与在线教学优势相结合，弥补教学过程中的在线教学与传统教学过程的缺失。单一的在线教学中面临的最大问题就是教师与学习者、学习者之间的互动交流缺失，因为教学过程中师生交往互动是贯穿于始终的，通过课堂、课下教师与学习者的互动交往可以及时得到反馈信息，便于学习者的询问、沟通、解疑、探究等系列活动的发生，该问题是阻碍网络教学进一步发展的最大障碍。

其次，学习者的自控能力、信息处理能力、"网络教学就等于课件教学"等观念束缚也严重阻碍了在线教学的发展；从传统教学组织形式上来分析，传统教学资源相对单一，较难接触其他信息资源，在资源传播途径上稍显滞后。标准化模式也为学生的个性化发展产生阻碍，全体同学统一进度、统一教学内容严重阻碍了学习者的个性化发展。基于两种教学模式的优势与弊端，我们看到，将两种方式有机结合起来是最利于学习者学业、身心等多重发展的教学形式。混合式教学模式是传统面授教学与在线教学的有机整合，对二者的优势与劣势进行选择与摒弃。

由上观之，混合式教学极大部分是面授教学、在线教学二者的混合，无论是教学空间、教学手段还是教学评价方式均是二者的折中部分，这样既避免了单纯在线教学的弊端，同时扩展了教学途径。综合看来，与传统教学模式相比，混合式教学模式更加强调以学习者为中心，主张引入问题情景，重视自主探究式的学习方式，鼓励学生主动的意义建构，最后采取多元的评价模式对学习者进行多方面的评价。

3. 混合式教学以激发学习兴趣为关键

混合式教学主要发掘学习者对于课程的兴趣为主旨，激发求知、探索、整合、创新等行为。教师制作微课程、PPT、整合课程资源以及设计教学活动的过程中，时刻以学习者的兴趣为基点，考虑学习者的个性特征与兴趣关注点，激发学生的创造力。所以，明确学习者的学习需求、找准兴趣点，才是混合式教学的根本任务。

二、混合式教学模式存在的问题

（一）高校教育缺乏足够的技术平台做支撑

信息化、智能化技术与教学改革的深度融合，需要高校建设教育技术平台作为支撑，这就需要学校从顶层设计，树立以学生为中心的理念，建设学习平台、智能化技术、专业队伍于一体的网络化结构，提升学习空间。当前市场上主流的教学平台有录播工具、直播工具和第三方平台。根据疫情期间教师使用的教学平台来看，近一半教师使用的是第三方平台，还有一部分教师是校内外平台混合使用，若只是利用高校自身的教学平台，很大程度上无法满足教师的在线教学需求。因此，要实现教育技术与教学改革的深度融合，就必须加强高校教育技术平台的建设。

（二）高校教师没有较强的混合式教学意识

随着信息化、智能化设备在高校的推进，高校的教学模式也发生了相应的变化，当前的教学模式主要有 MOOC 模式和"直播+录播"的混合模式。但一些教学模式仍然采用旧有的方式，这一主要原因还是教师混合式教学的意识水平较低，教师习惯于传统的授课方式，不愿意投入精力进行教学改革创新。虽然大部分教师具备使用信息化技术的能力，但还有一部分教师对于提升自身的信息化素养意识不够。教师只专注于提升自身的专业知识，对运用信息化技术来改变教学方式的能力和动力不足。混合式教学模式能够有效地提升教学水平和学习效果，教师可以根据"线上+线下"的授课方式，采用智能化设备，录制课件、上传试题、批改作业等。对于科研压力较大的教师来说，双线融合的教学模式需要大量的精力和时间进行学习，因此，很多教师会失去教学改革的动力。

（三）高校教师没有较强的混合式教学能力

混合式教学作为传统模式和现代模式相结合的新型教学方法，对教师提出了更高的要求。教师需要对教与学有前瞻性的视野，明确教育教学改革发展的方向，同时需要教师具备较强的自省能力、持续地改进和创新的能力。[①] 在混合式教学的具体实践过程中，还需要教师具备数据思维与实践的能力，并能够灵活运用混合式教学的工具，具备混合式教学的理论知识和实践基础。目前，高校的教学方法还是传统的教与学，并以教师的课堂讲授为主，学生的参与度不高。传统的授课方式较难调动学生学习的积极性，容易引起学生学习的倦怠，导致课堂教学质量水平较低。而对于新的教学模式，教师的理解不够深入、意愿不高、能力不足，在开展混合式教学时的自我效能感较低，再加上学校没有对教师进行混合式教学方法的培训，教师运用智能化设备的能力较弱。

（四）教师与学生对混合式教学的认识与理解不够

目前教师、学生对混合式教学模式缺乏深度理解，从而导致基于混合式教学模式的优势并不明显。从教师方面来看，大部分教师认为混合学习就是不同空间的学习环境（面对面教学与在线教学）的结合，其目的是基于技术便利教学。由于理解上的偏差造成教师将线上学习视为线下学习的补充方式，线上学习主要以视频、课件等资源作为补充性的学习资料，供学生自主学习，而且教师对学生线上学习的结果关注度较弱，教师并不会由于在线学习的结果改变教学内容和教学方案。从学生层面来看，学生习惯于传统课堂的讲授方式，对混合式学习的态度和能力准备不足，学生往往将在线学习视为一种放松方式，通常选择空闲的碎片时间来进行简单的线上学习。这种非正式、碎片化的方式必将导致学生学习的浅层化。

三、创新高校混合式教学模式的探索

（一）打造多功能教学平台

当前要融合教育资源，大力升级、改造并整合现有的教学平台。从教师使用教育平台的情况来看，大部分教师使用第三方平台。第三方平台相较于学校自身的平台来说，功能更为齐全，更能满足教师多样化的需求。第三方平台的出现为开展线上教学及混合式教学模式的运用提供了强大支撑。因此，高校要整合资源，为教学改革的顺利进行提供有效的保障。从国家的角度来看，相关方针政策的出台能够有效支持高校的教学改革，鼓励企业参与到高校的改革中来，为高校的平台建设做出贡献，能够为高校混合式教学模式的推进提供强有力的支撑。从学校的角度来看，首先要筛选优质的教学平台提供给教师和学生

[①] 杨鹃瑞. 高校混合式教学模式的探索与研究［J］. 智库时代，2022（5）：148-151.

使用，要建设高校自己的教学平台，建造完备的、多样的、全范围的网络教学资源。教育技术平台的建设要以学生为中心，高校还要加强校园网的建设，满足学生网上学习的基本需求。面对现有的各大平台在线教学的功能上出现的盲点，平台应总结经验，整理学生的学习需求，开发混合式教学所需的在线考试和教学质量监控等功能。对于教师使用信息化设备障碍的问题，高校需要对教师进行专业的培训，并在使用过程中给予相应的指导。通过加大、加强教学平台的统筹规划，系统整合各类教学平台，从而为教师提供顺畅、便捷、功能齐全的线上教学服务平台。

（二）强化教师混合式教学的意识

当前，高校需要帮助教师提升混合式教学的意愿，使教师由消极态度转为积极态度，让教师乐意把混合式教学运用于日常的教学中，从而主动改进教学方式、丰富教学形式。提升教师混合式教学的意识水平可以从以下几个方面入手：从学校层面来看，高校需要给出清晰的战略指导和政策支持，明确混合式教学战略有助于教师更好地认识混合式教学模式的价值和作用，使教师积极地采纳并投入到混合式教学模式中，引导混合式教学的开展。从个体发展的层面来看，混合式教学是提升教师专业度的有效方式，教师间也可以通过相互分享资源，共同探讨在具体的实施过程中产生的问题、困惑等，从而转变教学态度、提升混合式教学的意愿水平、树立开展混合式教学的信心。

（三）提升教师的信息化素养和能力

随着 MOOC、翻转课堂、混合式教学等模式的不断涌现，传统的教学方式已经悄然发生了改变。智能化平台和设备运用于课堂，就要求教师具备理解和使用智能教育工具的能力。教师要提升信息化的素养和能力，这也是教师专业化发展必不可少的条件之一。当前，教师在使用线上平台和教学工具，能够熟练地进行线上直播、线上备课，批改作业及反馈方面还存在着不少的困难。教师要在教学的观念上发生转变，不断学习新的技术。对于我们目前的线上教学更多的是基于疫情状态下的应急之举，教师在思想观念上、教学方法上、信息化设备的使用上都并未做好充分的准备。

随着"线上+线下"教学的融合进行，教师具备信息化素养的重要性将更为明显，因此，提高教师信息化素养，培养教师具备"线上+线下"教学方式融合运用的教学能力将是高校艰巨的任务。教师信息化素养的提升是一个长期、复杂的过程，高校要给予足够的支持，为教师开展系统、专业的培训。

（四）探索双边互动的混合式教学方式

混合式教学丰富了传统的线下教学方式，为学生的自主选择提供了便利，更能够体现以学生为中心的特征，从而充分发挥学生的主体作用。混合式教学的优势明显，它能够使教师和学生不受环境、地点的约束，自由地交流和探讨问题，充分发表见解，既促进了师生合作，也为学生的学习创造更大的空间。教师可以通过对任务的整体规划，合理安排课前、课堂、课后的学习内容，为学生提供体验式、沉浸式的学习环境。但由于教师习惯于对传统教学模式的运用混合式教学模式无疑给教师的教学方式提出了更高的需求。在混合式教学模式下，学生作为学习的主体，教师作为引导者，两者之间应是双边互动的关系，教师要改变传统的照本宣科的讲授模式，同时也要避免把课堂作为一个人的舞台，应留有更多的时间和空间给学生思考。教师在引导之后，学生可利用"线上+线下"结合的方式进行具体的实践和探索，从而共同探求知识，提高学生学习的专注度，促进学生的深度学习。

第五章　高校教学质量与高校教学质量保障概述

人才培养和人才储备是事关国家未来发展和综合国力的重要因素。而高校无疑是国家最大的人才培养和输送基地，高校通过教学与科研塑造国家所需的创新性人才、专业型人才、复合型人才，因而其教学质量的高低直接影响着人才的成长发育情况。我国近年来对高校教学质量及其保障愈加重视，但受到社会当前发展状况和传统教育教学思维的影响，我国高校教学质量整体尚存较多不足，且高校教育水平和质量保障层次亦参差不齐，这些都是我国亟待解决的问题。

第一节　提升高校教学质量的必要性分析

一、高等教育自身发展的要求

20世纪80年代开始，世界高等教育进入了一个以提高质量为中心目标的时代。国民对高等教育需求的不断增长，使其始终处于不断满足需求、提高质量的有效循环之中，这就必然要求高等教育随着市场机制的完善走向面向所有适龄青年的普及化和多样化阶段。"数量的大发展是高等教育大众化的一个标准，高等教育只有数量上的大发展才能引起教育功能、人才培养、质量标准和课程体系等一系列的变化，使高等教育在质的方面出现变化。"[1] 从整个高等教育出口的角度来看，扩招既保证了优质生，又多培养了几百万的大学生，这

---

[1] 贺祖斌. 高等教育生态学 [M]. 桂林：广西师范大学出版社，2005：62.

部分人为国家发展做出了巨大贡献。因为学生对发展技能、知识和态度的需要获得了更大的关注，使之能够在更复杂、流动性更强以及更难以捉摸的环境里有效地运行。但是，作为人才培养基本单位的本科专业进入大众化阶段后，在人才培养目标、人才培养模式、教学内容、管理形式和入学条件等方面都会发生变化，而低就业率、低对口率更让社会对高校人才培养质量产生诸多的质疑。近年来，我国高教界业已开始就高校教学质量提升这一主题进行了广泛讨论。

教师是教学质量的核心要素，教师素质的高低直接影响本科教学质量。国际惯用高等学校教学质量的评估体系中，一般认为生师比在14：1对效益和质量最为适宜，如果超过这一标准，对效益可能会提高，对质量就难保证。教师教学量过重的结果会导致教师疲于应付，很少有时间和精力进行教学研究和知识更新。我国普通高校专任教师的比例虽然逐年增长，但生师比却没有相应地提高，也就是说，虽然专任教师数量在上升，但是教职工数和专任教师数的增长远远赶不上在校生数量的增加。由此可见，在高等教育规模快速增长的过程中，师资、经费以及其他办学硬件的总量虽有所增加，但生均拥有的办学资源却依然未能有效满足。虽然办学规模快速增大，教学资源投入有所增长，但生均教学资源却呈下降趋势。这表明我国专任教师不足，这就必然影响教育教学质量，如果不及时扩充和提高教师规模和质量，将影响高校人才培养和国家人力资源开发战略的落实。

二、多元社会对教学质量的要求

早在2010年的《国家中长期教育改革和发展规划纲要（2010—2020年）》中，我国就已经提出要建立高校分类体系、实行分类管理，引导高校合理定位、克服同质化倾向，让高校在不同层次、不同领域办出特色。社会经济发展的多样性导致社会对人才的规格、类型、层次等方面的需求并不统一，有多样化的需求，多样化的培养目标就要求有多样化的质量标准。要把适应社会需求作为衡量教学质量的根本标准，即大学培养的知识和技能需要与社会相适应，唯其如此，高校才能在知识经济时代获得认同和发展。

从我国高等教育的发展来看，面临着两方面的压力：一方面经济发展对人才发展提出更高的要求，另一方面社会发展对人才的新要求也对高等教育提出新的目标和质量标准。走向大众化时代的高等教育，面对着社会多样化的需求，面对着我国地区经济、文化和高等教育发展基础的极大的不平衡，面对着学生兴趣、爱好、特长和学习基础的差异性，用同一标准来衡量不同的学校是不合理的。对不同层次的学校来讲，要求学生的知识结构和知识水平就应该有所区别。换言之，教学质量标准要避免单一的立场，突破只站在校方立场、忽视社会视角的传统。教育质量多样化，不等于可以降低质量标准，满足低水平重复建设和低水平扩张。目前，我国仍处在工业化、城市化过程中，需要高等学校培养大量的实用型专门人才和技能型人才，而学术型人才的需求量有限，不宜设置过多的研究型大学。[①] 人们对人才培养质量要求的提高，使得高校各专业要加强自身的质量建设，以满足社会的需要。家长不仅仅希望子女能够进入高校读书，而且越来越关心子女能够在高校读好书。不可否认，保证基本的教育教学质量依然是维护教育公平的根本要求。这就必然要求制定教学质量标准以保证本科各专业教学达到基本要求，使人才学有所用、学以致用。

三、人才市场对高校毕业生的要求

在高等教育扩招的同时，高等教育质量却有滑坡的趋向。市场竞争的严峻形势使教学质量成为高校生存和发展的重中之重。教学质量是高校发展的生命线，建立健全教学质量标准也就成为高校在市场竞争中取得优势的关键？然而，许多本科院校的教学目标与市场用人需求相脱节，对教师配备、教材建设等投入力度不大，导致专业设置雷同化、职业化。再加上有些高校按各专业边际贡献率的大小分配财力，某些专业为了保证获得更多的投入，只注重外部包装，未能设置符合专业办学条件和个性化的教学体系，最终造成资源的浪费，影响教学质量。学生大学毕业后还不能很快适应社会，一是因为教材滞后，教法简单重复，二是用人单位急功近利，很少对新分配来的毕业生进行轮岗培训，缺乏一套激励大学生创新的机制。

当前，随着我国经济发展方式的转变，高校本科毕业生人数逐年增加，就业形势日益严峻，高等教育发展与社会需求之间的矛盾更加严重，主要表现在：一是产业结构的调整导致对专门人才需求与现行专业教学内容所培养的人才不相适应的矛盾，二是人才需求的快速变化与高校人才培养的相对滞后之间的矛盾，三是高校毕业生结构和质量与经济社会发展的"不匹配、不符合、不适应"之间的矛盾，四是毕业生"就业难"与用人单位"招聘难"两"难"并存的现象。产生这些矛盾的根本原因在于人力资源市场化配置机制不

---

① 陈武林. 高校本科专业教学质量标准 复杂性理论视角 [M]. 广州：广东高等教育出版社，2015：7.

成熟，反映了高等教育与经济社会发展对接不顺畅，毕业生就业与市场需要之间供需不匹配的状况。

第二节 高等教育质量的概念辨析

一、高等教育质量危机与概念困惑

一方面是教育规模和投入越来越大，另一方面则是教育质量的普遍下滑；一方面是教育质量危机感越来越强烈，另一方面是教育质量概念及其标准的模糊混乱。当代中国和世界一样，陷入了教育质量的重重困境之中。世界比较和国际教育学会主席海尼曼（Heyneman）博士在第八届世界比较教育大会报告中指出：教育质量的危机目前普遍存在于世界各国，引发了人们的种种担忧。

高等教育质量的下滑，则是难题之难题。以培养社会各领域的高级专门人才、技术人才、复合人才、创新人才、拔尖人才为己任的高等教育，是各个国家综合发展的高级人才与智力保障，是国际竞争力的一大支柱，其质量问题因此更令人焦灼。其中，有一个最为基本的理论问题，一直未能得到解决，即何谓"高等教育质量"。国内外文献中不难发现有关高等教育质量的甚至是相当深刻的论述。但是正如美国未来学家托夫勒所说，美国大学教育质量有种种议论和批评，但是大学教育质量的"质量"一词，从来就没有明确定义过。

1996年欧洲大学校长会议公布的《制度评估：质量战略》报告指出："什么是质量，言人人殊。有人认为是品质优劣的表征；有人则认为是个捉摸不定的概念，若无参照物，难以判断。总之，很难对质量下一个能被普遍接受的定义。"

中国高等教育也存在同样的困惑。2008年，中国高等教育学会在国家社会科学基金委特别申报并设立了重大委托项目，被认为是整个课题中理论与实践结合并轨的不可或缺的中介和关键所在，因为"高等教育质量"是整个课题进行的一大理论基石；是解释、讨论、研究和解决所有高等教育问题，包括质量水平、质量评价指标、质量保障体系等的逻辑支点和起点。然而，在这个项目组内关于"高等教育质量"的界定也进行得十分艰辛。而中国连续十多年进行的高校本科教学评估及其指标体系，也遭到广泛质疑，认为评估指标主要是硬件或形式性的,并不是人民群众想要的质量。

高等教育质量的概念不清,高等教育质量保障的对象是什么也就不清;高等教育评估、排行、工程等,最终评估的什么对象、排的是什么行、实施的什么工程等,都值得质疑。

二、高等教育质量的相关概念

(一) 高等教育质量的狭义概念

高等教育"应当以培养人才为中心,开展教学、科学研究和社会服务,保证教育教学质量达到国家规定的标准"(《中华人民共和国高等教育法》第三十一条)。人才培养、科技创新、社会服务是高等教育的三大功能,也是高等教育系统存在的根本理由、本质规定性和质量基点所在。从功能目标实现角度,可以明确将高等教育质量定义为:高等教育人才培养、知识创新、社会服务三大功能—目标的实现,由此构成三维质量标准。其中,人才培养质量既是三维质量中一维,也是核心质量。人才培养质量,除了指国家和社会所期待的目标达成度之外,也包括学生或人才个体的个性潜力和特点的发展。[①] 因此,高等教育核心质量即人才培养目标的达成,就是人才个性发展和社会期待发展的综合实现。

(二) 高等教育质量的广义概念

整个高等教育系统,除功能目标以外的所有其他因素,都是为实现系统"功能—目标"即质量而协同存在的保障因素;所有这些保障因素例如教学与资源、制度与机制、评价与监管、领导与统筹等,围绕功能目标的实现,构成了层层相关的整个高等教育的质量保障体系。

(三) 我国政策中高等教育质量的概念

这样一来,一直混乱的若干重要相关概念,诸如"高等教育质量保障""高等教育质量评估""高等教育质量监控(监管)"等,在整个系统中就有了明确的逻辑地位与界定。总之,"高等教育质量是指高等教育以人才培养为核心的人才培养、知识创新、社会服务三大功能实现……人才培养的质量,是

---

① 黄蓉生. 质量与保障 坚守高等教育生命线 [M]. 北京:教育科学出版社,2011:8.

所有高等教育都必须完成的任务和共同追求的质量；不同类型学校在人才培养、知识创新、社会服务方面相比较的贡献程度，可以定义为高等教育水平"，功能发挥得好，那就是有水平，高水平就是高质量，这样，高等教育质量和水平便逻辑地联系起来；其他有关概念也因此可以逻辑地得到澄清，例如，"高等教育质量保障"可以定义为确保高等教育功能实现的条件和机制；"高等教育质量监控"可以定义为对高等教育功能实现程度即水平及其保障条件、机制和运行水平的监督和调控；"高等教育质量评价"，则是关于高等教育功能实现程度（水平）以及保障和监控实现程度（水平）的测量和判定；"高等教育质量评价体系"，就是关于高等教育功能实现程度和质量保障与监控实现程度进行测量和判定的方法与指标体系等。①

保障因素本身当然也有质量问题，没有高质量的保障，就没有功能目标的高质量实现。但是在人们惯有的概念中，各种保障因素例如教学质量、教师质量、教学与科研条件、办学条件等往往被直接等同于教育质量。这不仅忽视了核心质量尤其是人才培养质量，掩盖了高等教育质量的根本问题所在，也影响了一系列关于高等教育质量提升与评估决策的基本方向。

1993年，启动持续十多年开展的本科教学工作评估，从指标上看几乎是保障因素的评估。

2007年，教育部启动并持续至今的"质量工程"，包括高等教育的人才培养模式的改变、教学内容的改变、教学体系的改变以及如何提高在校大学生的质量四大方面，事实上这些"质量工程"准确地说也是"质量保障工程"。

2010年通过的《国家中长期教育改革和发展规划纲要（2010—2020年）》最显著的进步是，分别明确指出了要"制定教育质量国家标准，建立健全教育质量保障体系"，进而"建立以提高教育质量为导向的管理制度和工作机制，把教育资源配置和学校工作重点集中到强化教学环节、提高教育质量上来"。其间提到"全面提高高等教育质量"，指的就是广义的整体系统质量的提升。

2021年通过的《中华人民共和国国民经济和社会发展第十四个五年规划和2035年远景目标纲要》（下称《纲要》）中提出"提高高等教育质量"，根据该节具体描述的建设方向，即"建设高质量本科教育……建立学科专业动态……加强研究生培养管理，提升研究生教育质量，稳步扩大专业学位研究生规模……优化区域高等教育资源布局……"，可以说《纲要》所称的需要提高

---

① 赵伶俐. 如何衡量高等教育质量与水平［J］. 理工高教研究，2009（2）：1-7.

的"高等教育质量",同样属于广义的高等教育质量,包括高等教育三大功能性质量和保障性质量的总和。

第三节 高校教学质量现状、问题和成因

一、我国高校教学质量的现状

(一)我国高校教学质量(狭义)的现状

1. 教学过程

学生学习动机不足,课堂失范行为展现;学生本人对专业知识的掌握程度持保留意见,但用人单位对毕业生专业素质反馈较好;师生互动不足,低于全国水平,远低于国际水平。

第一,学习动机。学习动机的形成,不仅要有内部需要的动力,还要有来自外部的学习目标和学习强化物的作用等。学习动机不足,有大学生本人的原因,也有来自课堂教学的因素。在课堂教学过程中,大学生学习动机不足的原因,主要来自两个方面:一是专业和课程本身的原因。包括课程目标是否切合学生学习需求,课程的挑战性对学生自我价值和成就感的影响,课程安排的次序结构、教材等是否科学并具有吸引力,等等。二是教师教学的原因。高校学生对教师课堂教学评价不一,教师的教学态度往往会影响学生的学习态度,教学方法和技巧更是吸引学生学习的重要因素。

第二,认知情况。学生在认知上的提升体现在很多方面,有具体知识的收获,也有抽象的认知结构的完善等方面,但具体知识的收获情况总是更易测量,更便于清晰呈现。认知情况如何,可以通过研究认知的过程而了解,也可以通过最终的认知结果来反映,但关于认知过程的研究较少。在此,我国通过呈现学生具体知识的收获情况来反映学生的认知情况。要反映各个学校学生在知识获取方面的情况是困难的。每个学校课程最终成绩的评定不是基于同一个标准,而大学英语四、六级这类国家统一考试的通过情况又跟教师教学过程关系不大,往往更大程度上受到高中学习或者自我努力程度的影响。

第三,师生互动。由于传统教育教学模式的影响,我国高校师生互动情况

普遍不甚乐观。师生互动需要教师和学生要有一致的目标,只有双方目标一致,才有可能为实现共同的教学和学习目标而共同合作、充分互动。同时,双方角色地位要有清楚的认识。如果教师总扮演"权威者"的角色而不是"同伴"或"帮助者"的角色,就很难与学生平等互动交流。[①] 此外,教师的时间与精力不足也是影响师生互动的原因。由于科研成果与职称评定的紧密关联,教师负担了繁重的科研课题,有些教师又担任了行政职务,所以,他们就算很希望与学生加强互动,也是心有余而力不足。尤其是一些名师或教授,他们就连参与本科教学活动都很难,更别提加强师生互动。

2. 学生表现

学生表现可以有很多不同的层次,第一层次是学生在德、智、体、美方面的表现,包括学生课内学业成绩和课外获奖、论文发表等情况;第二层次是学生毕业和就业情况,主要通过毕业率、就业率和出国、读研比例等来体现;第三层次是学生在用人单位的表现,主要通过用人单位反馈体现。由于第一层次在教学过程的认知维度中已有提及,而许多获奖情况又涵盖广泛,涉及许多不同的领域,不便进行分析和比较。下面的分析主要从就业结构和用人单位反馈两方面来反映学生表现。

高校毕业生就业情况一直以来都受到社会各界的关注,就业率是衡量高校教学成效的直观指标。就业率往往包含了实际就业、升学(国内)和出国三个方面。2011年,一项研究[②]根据55所高校(23所"985",32所"211")的数据分析了"985工程"与"211工程"大学的就业结构,发现这两类院校的就业率都处于较高水平,前者所有就业学生中选择继续深造学习的学生超过半数,其升学率、出国率及总升学率占就业率的比例远高于后者。

针对已实际就业的高校毕业生,根据用人单位的反馈,可以发现他们对毕业生专业水平和学习能力往往是表示肯定的;组织管理能力、实践动手能力以及创新能力仍有提升空间。

3. 教师情况

教师学历提升速度快,但未达研究型大学国际水准;高级职称教师比例高,但整体职称结构需改善;教师队伍年轻化问题仍存在,但随时间推移逐渐

[①] 李碧虹,余亚华,舒俊.高校教师质量的现状与提升策略研究[M].长沙:湖南大学出版社,2016:114.

[②] 李小娃,莫玉婉."211工程"大学本科毕业就业结构研究[J].现代教育管理,2014(8):56-60.

向美国研究型大学常模结构发展；教授不能全部参与本科教学，教授授课制度需完善，授课质量无法保证。

教授是大学最佳的人才资源。但是，在很多大学，部分教授特别是知名教授，主要从事科学研究和指导硕士、博士研究生，很少或几乎不参与本科教学。即使是参与本科教学工作的教授，也时常出现请人代课的情况。据相关调查①表明，教授为本科生授课，请人代过课的比例高达71.43%。偶有为之尚可理解，但若此类情况过于普遍，则意味着教授的事务过于繁忙，承担本科教学任务的精力较小或为本科生授课的积极性不高，相关政策也未落实到位。近年来，我国明确提出教授应当参与本科教学任务后，教授的本科授课率有所上升，但仍存未全面执行。根据《全国普通高校本科教育教学质量报告（2018年度）》来看，高校教授为本科生授课比例仅为77.11%。

（二）我国高校教学质量保障的现状

无论是教学日常运作的保障，还是突发性公共事件下的信息化建设；无论是一流的现代化的实验室的建立，还是专业人才的引进、培训，这些都离不开教学经费的有力支持。

根据2019年和2020年的《全国普通高校本科教育教学质量报告》对比可知，一流大学建设高校的教学经费支出增长是最快的，2020年比2019年增加了18.53%；其次是一流学科建设高校，增长了10.78%；普通高校在学校数量增加的基础上，校均值在2020年依然有一定程度的增加。说明各大高校持续不断地加大本科教学资源的投入，校均教学日常运行所占教学经费支出的比重除了第二类之外基本超过了50%，一流大学遥遥领先，2020年还在继续增加。其他几项指标排在第一位的也是一流大学建设高校，校均值在普通高校还没有看出与一流高校的距离，但是生均值的差距就已经很明显了。"越是世界顶尖的大学，越是重视本科教育。"② 越是一流的大学，越是拥有一流的课程、一流的教材，在教学实践过程中积攒的教学成果反过来为一流专业的建设、一流学科的建设提供最强有力的支撑，两者相辅相成。

我国是从2015年开始正式实施"双一流"建设的，至今已有八年。从当年开始，大学的经费投入方式也发生了根本性的变化，无论是投入来源，还是资金分配，更加突出自主性、差异性和特色性，各大高校根据自身的实际情

---

① 王琦. 研究型大学"教授为本科生授课"问题研究 [D]. 上海：华东师范大学，2008：34.
② 郑永安. 一流大学服务新发展格局的着眼点和着力点 [J]. 中国高等教育，2021（3）：22-24.

况，因地制宜，不断优化自身教学经费的结构。

二、我国高校教学质量的问题及其原因

通过前文的论述，可以直观地感受到高校教学质量问题所在。这些问题及其原因具体可以分为以下几种情形。

（一）轻忽教学质量的价值取向

许多质量问题的出现，就是因为有"重数量、轻质量"的观念导向。例如，在教学方面的经费投入不足，就盲目加大投入，不看具体问题出在哪个环节以及实际需求如何；高级职称教师比例不足，就只顾提高高级职称教师比例的数值，忽略了中、初级职称结构的调整；教授参与本科教学不够，就从授课门次上给教授下达指标，忽略了教学质量的管理。这种重数量、轻质量的价值取向，很容易形成一种追求数值达标的管理氛围，进而衍生出更多的教学质量问题。

（二）结构不合理的经费投入

"985工程"高校的经费是相对充足的，但在组织情况中，我们看到，有些方面的经费投入已超过实际需要，而另一些方面的经费投入仍不足。这就是经费投入结构不合理的体现。经费投入的不合理导致部分资源浪费，钱未能"用得其所"。另外，信息技术的发展使得高校增加了很多信息化建设的投入。该如何分配传统所需的经费投入和新产生的经费投入，进而形成合理的投入结构，这需要我们摸索。

（三）传动观念影响的教师定位

"985工程"高校是中国一流的高校，有着最强的师资队伍。这些学校的老师往往也是学术界的权威专家、学者。他们在参与本科教学时，难免有些难以卸掉"权威"的外衣，不能与学生平等对话、充分交流进而形成良好的师生互动。

（四）生存压力挤压的教师精力

教师能否"生存"或者晋升，与其科研成果直接挂钩。如果投入大量精力于科研工作，教师只能轴性投入在本职工作——教学上的时间。例如，教授请人代课的现象如此严重，也是由于精力难以分配。师生互动也需要教师轴性自己的课余时间，加强与学生的交流，这对于科研任务繁重的教师来说，更是难以实现。

（五）流于形式的教学能力提升

无论是激发学生学习动机还是实现良好师生互动，都需要教师掌握一定的教学方法和技巧。但是，基于以上两点情况（教师角色定位与精力分配），教师教学能力的提升也只能是一句口号而已。而近年来，致力于提升教师教学能力的专门机构——教师教学发展中心，仍然未能发挥其实际效用，大多是教务处的附属机构。

（六）脱离实际需求的教学安排

学生专业水平和学习能力受到赞赏，但与工作直接相关的能力有待提高，这说明，学校在专业和课程设置上存在与社会人才市场需求脱节的情况。此外，学生对专业知识的获取情况持保留意见，而用人单位反馈较好，这可能说明，学生在学校学习的专业知识与用人单位所说的专业素养，并不一定是指同一范畴的专业知识。而学生学习动机不足，一方面是由于教师教学的原因，另一方面也跟课程安排不满足学生需求有关。如果学生对学习某门课程都没有真正需求，完全处于一种被动的学习状态，最终的学习成效可想而知。

（七）尚不充足的教育经费投入

作为稳定、无偿的资金来源，财政性教育经费投入成为我国高校事业运行和发展的重要基础。在我国，政府拨款占公立高校近一半的资金来源，拨款是否充裕直接影响高校资金的供给水平。我国财政拨款不足体现在总量不足和结构失衡的情况。[1]

---

[1] 徐明稚，等. 高校财务风险及预警防范机制研究 [M]. 上海：东华大学出版社，2015：50.

第四节 高校教学质量标准及其建构

一、当前高校教学质量标准现存问题

2011年10月，教育部印发《关于普通高等学校本科教学评估工作的意见》，首次在正式文件中提出开展普通高等学校本科教学工作审核评估。2013年12月，教育部颁布《普通高等学校本科教学工作审核评估方案》，规定水平评估获得"合格"及以上结论的高校，以及合格评估获得"通过"结论五年后的新建本科院校，必须参加审核评估；审核评估标准主要是看高校自身设定目标的达成度，用高校自己的"尺子"（标准）量自己，目的是推进人才培养多样化。审核评估是加强政府对高等学校的宏观管理和分类指导，引导高等学校合理定位，办出水平、办出特色，切实提高人才培养质量的重要举措。然而从现有情况看来，高校内部的质量标准建设还参差不齐，相当一部分的质量标准还不系统、不全面、不完善、不规范。具体来说，主要存在如下几个方面的问题。

（一）国家教学质量标程存在不足

2018年，教育部正式发布了92个本科专业类教学质量标准目标，为各个高校的专业人才培养提供了宏观的、通用的专业教学质量标准。但是，该质量标准对各个高校的办学层次、办学资源、定位目标、区域特点和社会需求等方面的考虑还不够充分，分类指导性不够强；各类专业质量标准之间也缺乏统一性。

（二）教学质量标准规范不科学

教学的指向是"人才培养"，人才培养规格是教学质量标准确立的核心所在，不同类型、不同层次的高校人才培养定位和目标不能千校一面，教学质量要求也各有区别，但作为保障"办学条件和教学水平"的教学质量标准体系应当有科学、共通的规范。当前高校内部的教学质量标准的制定、实施、构成要素不明晰，构建过程及标准运用不够规范，与国家标准、国际标准和行业标

准的结合不够紧密，有的缺乏文件制度的支撑，导致在实际操作过程中缺乏权威性，不能在校内完全形成共识。

（三）教学质量标准体系构建思路不全面

高校教学质量标准应包括理念标准、过程标准、条件标准和结果标准等内容，[①] 其建设应当是全面的。但教学条件和可量化的教学结果投入即可见成效，更易体现高校发展近期目标，而理念标准相对较虚，过程标准较为复杂，难以把握，因而很多高校偏重于教学条件建设和教学结果标准，相对忽视理念和过程标准，导致教学质量标准缺乏全面性、整体性和可持续性。

（四）缺乏系统的教学质量标准保障衔接

"制定学校标准应充分发挥各自办学的传统优势，并紧密结合本地区社会经济发展需要。"[②] 教学质量标准应置身于学校发展整体环境中，向上体现社会需要、国家教学质量标准、学校章程、办学定位的要求，向下有培养方案、课程标准、教学大纲做支撑，横向与教学质量监控、教学服务支撑等要素紧密联系。当前多数学校教学质量标准没有体现多层面、多样化、个性化和特色化的人才培养特点，或是简单移植国家的专业教学质量标准、行业认证标准和其他同类学校标准，没有充分体现学校的办学思想、办学特色和地域行业特点，难以发挥促进人才培养质量、提高人才竞争力的作用与功能。

二、基于"五个度"的高校教学质量标准体系构成分析

高校教学质量标准是其教学工作的基本保障，依据培养效果与培养目标的达成度、定位目标与社会需求的适应度、教师与教学资源条件的保障度、教学与质量保障体系运行的有效度、学生与社会用人单位的满意度"五个度"要求重构其内部教学质量标准。

高校教学质量标准体系是学校内部体现办学定位、实现人才培养目标的标准性和纲领性文件，其主要功能在于通过学校章程、学校教学质量标准、专业教学质量标准和专业人才培养方案四个标准文件，建立影响人才培养质量的关键要素和主要环节的质量标准，构建质量持续改进闭环，不断提高适应度、保

[①] 王春春. 高等教育质量标准与评价 [J]. 大学（学术版），2010（5）：12-23.

[②] 彭青龙. 论《英语类专业本科教学质量国家标准》的特点及其与学校标准的关系 [J]. 外语教学与研究，2016（1）：109-117.

障度、有效度和满意度，不断提高人才培养效果与培养目标的达成度。

(一) 高校教学质量标准体系构建的基本原则

高校层面的教学质量标准体系，"首先要解决的问题是'依据什么制定质量标准'问题，这是制定质量标准的顶层设计问题，也是构建质量标准体系的上位问题。"[1] 高校发展的外部环境需求、学生发展特点及质量标准体系本身的规范程度都是影响质量标准体系整体功能发挥的重要因素。构建高校教学质量标准体系应坚持以下基本原则。

1. 法规政策为先

高校教学质量标准体系建设应以国家高等教育法律法规为依据，遵守和遵循国家高等教育的有关标准和要求，建立符合国家意志和国情的人才培养质量标准体系，特别是要坚持立德树人，回答好高校培养什么人、如何培养人以及为谁培养人这三个根本问题。这是高校质量标准体系具有充分合法性的保障，也是避免因人而异、因事而异，从而保持适度稳定性的前提。

2. 上位标准为基

按照国家教育发展总体要求，高校教学质量标准建设应充分理解、贯彻和落实好已有的国家高等教育相关质量标准、认证评估标准以及有关行业标准；同时，也要充分考虑专业特性与国际标准之间的关系，在教育理念、管理方式等方面合理借鉴国外成熟经验，提升人才培养的国际化程度。

3. 服务需求为重

适应与服务社会需要是衡量人才培养水平的根本标准，但社会需要与高等教育之间并非简单一一对应关系。质量标准体系建设在服务国家发展战略需要、满足地方经济社会发展需求，以服务需求为导向的同时，应当促进人才成长基础素养与专业素养同步发展。

4. 学生发展为本

学生是学校的主体，学校是为学生而存在的，是为学生发展和成长设立的；学校及其活动的本质，就在于为学生服务，促进学生的全面发展。但高校学生在学习基础、兴趣爱好、价值取向等方面分化较大，个人发展的多样性与质量标准的统一存在矛盾。因此，质量标准体系既要具有兜底功能，保障学生发展的底线；又要能够包容不同个性，突出学生发展的自主性。

---

[1] 顾永安. 试论应用型本科院校教学质量标准制定的依据与要求 [J]. 中国大学教学，2010 (6): 12-16.

5. 突出特色为魂

特色发展是高校内涵式发展的关键，高校所处的地域、办学的传统及所属的行业等特征，是特色发展的外部环境，最终只有落实到学科建设与人才培养面向时，才能表现为发展特色。高校的质量标准体系需要明确学校发展已有特色和特色发展应然方向，落实到课程教学、教材建设、实践活动开展、校园文化塑造等整个人才培养活动中。

6. 系统规范为要

质量标准体系的组成应层次清晰，结构科学合理，逻辑关系清楚；覆盖的内容应系统全面，把文化知识学习和思想品德修养、创新思维和社会实践、全面发展和个性发展紧密结合，一般应包括定位与目标、教师队伍、教学资源、培养过程、学生发展和质量保障等影响人才培养质量的关键要素和关键环节的质量标准；编制程序公开规范，尊重教师、学生等利益相关者的知情权、参与权和评议权；文本表述要规范，内容的编制要充分考虑其可操作性，语言表述要准确、精炼、到位，避免受众产生歧义。

(二) 高校教学质量标准体系的组织要素

高校教学质量标准体系由一系列不同层级的具体标准构成，基本的组织要素包括大学章程、学校教学质量标准、专业教学质量标准、专业人才培养方案四个部分。

大学章程是大学内部的"宪法"，是依法治校的总纲领，主要功能在于完善大学内部治理。大学章程在明晰学术权力与行政权力、学校与学院、内部治理与社会参与关系的基础上，能够为教学质量标准提供最基本的准则，即回答具体一所学校培养什么样的人、如何培养人的问题，规定人才培养总的规格和基本质量要求。

学校教学质量标准是规定学校发展定位与目标、师资队伍、教学资源、培养过程、学生发展和教学质量等内容的文件、制度、办法的总和，应服务国家需要，满足经济社会发展需求，充分体现学校办学指导思想和办学特色。

专业教学质量标准是根据学校教学质量标准的总要求、国家标准和行业标准，结合学校的办学实际而制定的各专业教学的质量要求，主要内容应包括培养目标、毕业要求、课程体系、师资队伍和支持条件等要素。

专业人才培养方案是学校全面贯彻国家教育方针、实现人才培养目标、保证教学质量和人才培养规格的根本文件，是教学组织与管理的基本依据，是组织开展教学活动的依据，是培养过程设计、实施培养计划和课程配置的依据，主要包括培养标准、知识结构、课程体系、主要课程、学制或学分、毕业条件、授予学位、教学进程等要素，应符合专业培养目标，体现学生知识、能力与素质的协调发展要求。

(三) 高校教学质量标准体系的"五个度"

"要想实现高等教育质量标准体系的可持续发展，就需对其经过执行实施后所产生的效应进行及时的评价反馈。"① 将审核评估的"五个度"作为教学质量标准体系实施及其反馈环节有效运行的基本依据，是推动人才培养手段和方式创新的重要举措。

培养效果与培养目标的达成度。达成度是指从学校培养目标出发，经过具体的教育教学活动环节，实现或达到预先设定的人才培养目标的程度，人才培养质量也蕴含在培养目标达成度中，目标的达成要依靠标准衡量。学校办学定位决定人才培养目标，人才培养目标呼应学校办学定位，是学校一切教育教学活动的出发点，教育教学活动的结果与培养目标的重叠面越大，就说明效果与目标的达成度越高，反之达成度就越低。达成度不仅体现在学生的就业率、毕业率等方面，也反映在教学内容、教学方法和教学效果等方面，更体现在课堂教学、实践教学、课程考核、毕业论文（设计）、实验实习、第二课堂、社会实践等教学环节中，只有重视这些环节，确保这些环节的教学质量和效果，才能保证有较高的达成度。

定位目标与社会需求的适应度。适应度就是指学校人才培养目标及各专业人才培养目标与社会需求的契合程度。社会对人才的需求是多样的，如研究型、应用型、技能型和复合型人才等，高校必须从实际出发，按照国家教育发展总体要求，根据社会人才需求合理定位，并结合自身的办学传统、特色优势和服务面向，制定符合行业发展、社会需求与发展趋势的人才培养目标。

教师与教学资源条件的保障度。教师与教学资源是高校办学和保障人才培养质量的基本条件，是支撑办学定位与人才培养目标达成的必要条件，高素质的师资队伍和优质的教学资源是提高人才培养质量的保障，拥有教师和教学资源质量越高的学校，人才培养的保障度越高。教师对人才培养的保障主要体现在教师数量机构、教师教学水平、教师科研能力、师德师风等方面；教学资源对人才培养的保障主要体现在教学经费投入及保障、教学设施、课程资源及社

---

① 吕红，邱均平. 高等教育质量标准体系基本理论问题研究 [J]. 重庆大学学报（社会科学版），2015 (5)：128-133.

会资源等方面。国家对高校办学的基本条件有明确的标准和要求，同时高校应依据自身设定的人才培养目标，建立教师与教学资源内部标准，提供与之相适应的人、财、物条件支撑，以促进和保障培养目标的实现。

教学与质量保障体系运行的有效度。有效度是指教学活动及包括质量标准、质量评价、质量监控、信息收集、反馈改进等的教学质量保障体系运行的有效程度，质量保障体系越完善、健全，教学质量保障的有效性就越高，反之则低。教学活动是高校教育活动的主体，有效教学应具有"清楚明晰、充分准备、合理组织、关注学生、促进发展、富有热情"[①]的特征；内部质量保障体系是保障教育教学工作顺利开展的关键，建立健全质量保障体系是保障和提高高校教学质量的重要手段。高校应依据国家高等教育相关质量标准和有关行业标准，构建学校自身质量标准，建立教学基本状态数据库，通过自我评估、督导检查、教学状态数据常态监控收集相关教学信息，及时反馈到教学工作的各个环节中，持续改进，不断提高人才培养质量，确保人才培养目标的实现和达成。

学生与社会用人单位的满意度。满意度是指学生和用户（社会用人单位）对学校教育教学环节、教风学风、自我学习与成长及毕业生素质、知识和能力等内容的满意程度，学生和社会用人单位的满意度是衡量人才培养质量的根本尺度。高校应建立对社会用人单位和毕业生的跟踪调查机制，定期了解社会用人单位的需求和对学校毕业生的反映，根据反馈信息，对学校专业设置、培养目标、培养规格、培养方案、教学方法等质量要素进行调整和持续改进，不断提高社会用人单位的满意度；建立标准，完善机制，定期了解学生对学校教学、管理、服务的意见和建议，不断改进教学工作，提高学生满意度。

第五节　高校教学质量保障基本问题阐释

一、高校教学质量保障体系理论

（一）高校教学质量保障体系的界定

高校构建教学质量保障体系，其中涉及的内容、环节颇多，各高校应紧紧

---

① 姚利民. 大学有效教学特征之研究 [J]. 现代大学教育，2001（6）：42-44.

围绕人才培养的共同目标，相互联系、协调发展。在高校教学质量保障体系内部，各部门之间应明确职责和权限，相互协调和沟通交流，并对人才培养的各环节予以控制，保证教学活动高质量、稳定性运行。[①] 同时，高校教学质量是在整个教学过程中形成的，要求教育的目标定位、专业设置、课程体系、师资队伍、评价与反馈体系之间，需要相互协调、和谐发展。此外，由于我国各高校在办学历史、办学基础、办学理念等存在十分显著的差异性，加之受到各类因素的影响，各高校之间对教学质量保障体系的认知，也存在较大的差异性。因此，各高校所构建的教学质量保障体系和所采取方法路径也十分多样。

总之，教学质量是高等教育事业发展的生命线，各类高校均需结合自身实际情况及办学特色，积极打造具有自身办学特色的教学质量保障体系，从而不断提升大学生的人才培养质量。

（二）高校教学质量保障体系的作用

新时代背景下，高校必须走高质量的内涵式发展道路。为实现高等教育的人才培养目标，教学质量保障体系建设对人才培养目标的实现，具有极为重要的作用。在建设高校教学质量保障体系的过程中，高校应注重教育教学和人才培养的全过程监控。通过对教学过程有效评价，不断完善教育模式的灵活运用，使教学质量得以不断提升。在教学质量保障体系建设中，还需要协调各类教学要素，完善内部协调机制，并对教学质量进行全程监督与控制，这有助于高校的高质量人才培养，并为大学生的未来发展奠定基础。

二、高校教学质量保障体系构建的困难

长期以来，高校教育教学工作深受传统应试教育理念影响，导致教学模式十分僵化，这对教学质量保障体系的构建产生诸多不利影响，其主要体现在以下三方面。

（一）教育目标定位保障

当前，高校开展人才培养与教育教学过程中十分注重理论教学，忽视了实践教学，学术型倾向十分明显，难以凸显高校的教育特色。部分高校在确立人才培养目标的过程中，由于缺少对社会发展形势和企业人才需求的调研，难以

---

① 赵翠荣.高校教学质量保障体系构建的举措［J］.普洱学院学报，2022（5）：117-119.

形成与之相适应的人才培养目标,加之教学工作的盲目性和随意性,这势必影响学生理论知识学习和专业技能掌握,不利于学生毕业后对就业岗位的胜任。

(二) 专业与课程建设保障

当前的专业设置与课程安排,多以学术型人才培养为主,难以满足社会和市场的发展需求,且存在诸多现实问题。部分高校在专业与课程设置的过程中,通常盲目追风,模仿学术型高校的专业与课程架构,知识的应用性相对较差。在此背景下,学生知识学习十分被动化,参与课堂学习的热情和积极性较低,进而影响整体的教学质量。加之当前实践课程课时比例严重不足,学生难以将理论知识运用于实践,二者之间的脱节,导致学生专业能力培养受到一定的阻碍。

(三) 教师与实践教学保障

高校在考察教师综合素质水平的过程中,通常将学术水平作为主要指标,缺少对教师实践能力的考核与培训。在师资引进过程中,部分高校仍然将学历和学术水平作为第一标准,导致这些高校难以科学地构建双师双能型教师队伍建设。另外,部分高校对实践基地建设经费投入有限,没有对实践教学活动过程形成有效监管,故而教学质量无法得到保障,实践教学逐渐流于形式,这非常不利于培养学生的实践操作能力。

三、高校教学质量保障体系构建的原则

构建教学质量保障体系,需要经历一个发展的过程,其涉及教学工作中的所有参与人员,并且要融入教学工作全过程。对此,高校需要遵循相应的构建原则,这样才能真正地发挥教学质量保障体系的积极作用。

(一) 系统性原则

即质量保障体系建设要从多维度来考察教学质量的影响因素、构成要素等,继而对各类要素进行有机协调和联合把控,避免简单地将各类教学管理制度进行叠加,影响教学效果。

(二) 目标性原则

构建教学质量保障体系,需要有明确的目标,并在教学质量管理与评价的过程中，形成清晰定位与反馈机制，避免教学质量保障体系构建偏离原本目标，从而使教学质量保障体系能够严格执行、层层推进。

(三) 持续性原则

教学过程不是一成不变的，其是伴随教学阶段变化而发生变化。各类课程设置、教学环节之间要相互关联、持续推进，从而不断保障教学质量保障体系的构建。

四、高校教学质量保障体系构建的进本路径

(一) 明确人才培养目标

针对当前高校教学质量保障体系构建面临的困境，为实现高校高质量内涵式发展目标，需明确教育定位和人才培养目标，为高校教育事业发展指引明确方向。对此，高校需充分结合自身实际办学条件，秉承以人为本的办学理念，在人才培养、学科专业、师资建设、教学模式、服务方向上进行合理定位。

1. 明确人才培养定位

高校在定位人才培养目标与方向的过程中，不应盲目借鉴学术型高校，而应根据自身办学条件，围绕高质量技术型人才培养特色目标，与各类型高校加强学习和交流，积极突破传统办学理念与人才培养的局限性，突出学生专业技能培养的重要性。同时，要与企业开展协同合作，共同创新传统人才培养模式和方向，为学生提供企业实习实训机会。

2. 明确学科专业定位

学科和专业作为高校教学质量保障体系的重要构成要素，需以应用性和实用性为主导，立足于自身实际情况，打造自身特色的专业课程，积极开辟适应市场发展的新型专业，满足社会对高质量人才的需求。同时，高校应加强对企业发展前景的深入分析，了解当前企业所需的专业人才类型，针对性地设置学科与专业，借助人才定向培养模式，不断提升高校教学与人才培养质量，促进大学生的就业和职业发展。

3. 明确教师队伍定位

教师队伍作为教学质量的关键，亦是质量保障体系建设的核心。这就需要转变过去以学术水平考核专业教师的理念，着重考察教师队伍的实践能力，推动双师双能型教师队伍建设，不断优化教师的薪资待遇水平，使其能够全身心地投入教育教学工作,不断提高教学质量。

4. 明确教学模式定位

高校在改革教学模式的过程中,应基于专业导向,在深入分析社会发展现实需求的基础上,有针对性地调整教学内容与教学模式。

5. 明确服务方向定位

当前,各地方高校均有其鲜明的地方性特色,且主要是为地方社会经济发展培养应用型技术人才。因此,高校在构建教学质量保障体系的过程中,需结合地方社会经济发展形势与特色,打造契合地方性需求的专业人才培养方案。

(二)优化课程设置体系

专业设置、课程体系,均会直接的影响教学质量,这就需要与时俱进地改革传统专业的设置,打造与之相匹配的课程体系,以此增强高校人才培养及教学质量水平。

1. 结合专业特点

质量保障体系的构建应当以专业特点为高校专业设置的切入点和出发点,使专业设置与结构能契合地方社会经济发展。基于服务区域经济发展的理念,着力推进服务型教育体系建设,引导大学生形成服务社会意识。高校要定期开展对企业调查研究,结合企业发展的人才需求,对专业设置进行科学合理调整。同时,充分挖掘自身的办学潜能,建设具有良好发展前景的专业体系,依托特色专业人才培养,提升高校知名度与市场竞争力,进而使高校专业设置向着科学化、合理化的方向发展。

2. 优化课程建设体系

高校需转变传统的课程教育理念,着重突出学生知识与应用能力的培养,并在理论知识教学过程中为学生辅以实际案例,不断增强学生解决问题的意识和能力。在课堂教学过程中,要突出学生的主体性地位,赋予学生课堂学习的话语权和主动权。

3. 健全课程编制

构建教学质量保障体系的根本目标是促进大学生人才的高质量发展,因此需要注重培养学生择业与就业意识,为学生普及当前的就业政策与行业发展形势,使学生充分掌握专业知识和技能,积极面对未来发展做好职业规划。在人才培养的过程中,要转变教师主导的课堂教学形式,不断增加实践课程占比,构建有效的课程教学监督体系,对课程建设进行适时评估与改进。此外,在教材编选方面,要遵循实用与创新相结合的基本原则,选取理论知识丰富且具备实践应用价值的教材。

(三)推进师资和实践教学建设

1. 深化师资建设

师资综合素质水平与教学能力是影响教学质量的核心因素之一。教学质量保障体系建设必须提高师资力量水平，注重高级教师人才引进，不断改善教师的薪资水平与福利待遇，增强高校教师岗位的吸引力，打造高质量的教师团队。

在教师队伍结构方面，针对青年教师数量较多，其教学经验匮乏的现实问题，要充分发挥新老教师的传帮带作用，提升青年教师的教学水平。

在教师管理方面，要注重教师激励机制建设，重视广大教师心理调适，通过物质与精神激励相结合方式，充分调动广大教师的教育热情和积极性。

在教师科研方面，应不断完善各类配套设施，为教师营造良好的科研环境，促进其将科研成果转化为教学成果，不断提升高校教科研水平与教学质量。

在教师培训方面，要定期组织校内专项培训，丰富教师专业理论知识与实践技能。要积极鼓励广大教师积极参与企业挂职锻炼和交流活动，让教师了解企业工作员工的操作技能，提高对大学生实践教学指导的有效性。

在兼职师资队伍方面，高校应聘请行业、企业专业人士，纳入高校兼职师资队伍中，充分借鉴其丰富的工作经验，引入真实企业案例开展实践教学，改变实践教学环节薄弱的现状，不断强化高校的实践教学质量。

2. 重视实践教学

实践教学对提升总体教学质量发挥着至关重要的作用。对此，应提高对实践教学的重视程度，增加实践课程的课时比例，设计丰富多样的实践教学活动，以实践教学为载体，使学生掌握实操技术、实践技能。同时，要完善实践教学的基础硬件设施，加大资金投入力度，加强校内外实践基地建设，配置先进的实践教学设备，为学生参与实践活动提供坚实保障。另外，还要定期组织学生参与企业实习实践，在一线工作岗位了解产品生产流程，不断提高学生的工作岗位适应能力。

(四)注重把握高校实际信息

1. 立足高校实际

结合高校教情、学情，不断推进教育管理制度建设。要设置教学监督管理机构，负责教学工作的全程监督，厘清理论知识与实践教学之间存在的问题，对教师的教学工作，形成全过程监督。同时，需要积极评估教学内容与实践教学环节，考察教学内容与地方经济发展的适应性，以及实践教学的课时比例、教学效果等。

2. 加强教学信息反馈和收集

要定期组织召开高校教师和学生的研讨会，围绕教学过程中存在的问题，共同商讨有效的解决方案。在教学信息反馈的过程中，引入第三方机构参与其中，针对教师的教学情况，进行及时的教学质量评价和反馈，以便于高校不断改进人才培养方案，调整高校教学质量保障体系。

第六章 高校教学质量保障的关键
——高校教学督导队伍建设

高校教学督导队伍建设是高校教学质量保障的关键，因此，要想不断提高教学水平就要重视高校教学督导队伍建设。本章将对高校教学督导队伍建设进行简单介绍，明确其使命与义务、重要性与原则，并分析现如今高校教学督导队伍建设的困境，为加强高校教学督导队伍建设献言献策。

第一节 高校教学督导工作概述

一、督导的基本内涵

（一）督导在教育行政学视角下的内涵阐述

作为教育行政监督行为的督导工作，督导概念的内涵包含着较多法规性的强制和权力性的威慑。教育行政是国家行政的组成部分，从这一观念出发，教育督导活动是随着教育行政的产生而出现的，并随着现代教育行政理论与实践的发展而逐步制度化、规范化，日趋形成完备的独立的督导制度和成熟的严密的督导组织机构。教育督导是教育行政过程的主要部分，也是教育行政的重要功能，其重要性和价值意义就在于它关系到整个教育行政系统（体制）的效能，在于它能加强和提高教育行政的领导与管理，确保教育政策法规的有效贯彻，推动教育工作的切实改进，提高教育教学的质量水平。无疑，教育督导在现代教育行政中的地位与作用，越来越受重视，越来越达成共识，凡涉及教育行政体制和职能变革时，都不得不着手强化教育督导制度及其组织机构。比如，苏联在地区、市国民教育部、地方州国民教育部、共和国教育部、联邦教育部设立了视导机构和视导人员；日本在其文部省的初等、中等教育局及大学学术局中设置了一定数量的视学官，在作为地方教育行政机构的地方教育委员会设置了指导主事。

教育督导是教育行政部门对学校教育教学工作实行监察、督察的特殊形式，其本质就是行政监督，是狭义范围内的行政监督（或称教育内部系统监督）。制度化的行政监督是行政管理的一种重要职能，作为防治和纠正政策、法规的实施不当及权力滥用，保证和维护行政活动对象的正常进行及提高其整体质量、效率水平的必要前提。

狭义的行政监督的最突出特点是以隶属关系为监督行为的基础，"监督"（surveillance）的原本含义是指，上级行政部门对下属部门人员的查看、监督、监管，包括两个层面：一是行政机构内部由指导部门设立的监督系统；二是上级行政领导机关对下属组织及人员的监督。在监督实践活动中，狭义的行政监督主要凭借权威和法律来对下级组织及人员进行监察、考核，并以考核工作成绩为监察、考核的目的。这种行政监督是单向反馈，只对上级负责，即检查考核结果只向上级汇报；这种行政监督在内容上，主要是对下级组织及人员实施和执行政策、法规的监督。而广义的行政监督是指对行政管理活动进行监督的所有形式，如法律监督、政党监督、群众监督、新闻监督等等独立于行政机构之外的监督形式。相对广义的行政监督而言，从教育行政理论角度上讲，教育督导工作和活动最容易造成一种居高临下的视察、考核活动，形成一种传统式自上而下的直接规制性的监督。只强调权力则可能会形成有"督"无"导"的消极监督，这是极为人所关注的潜在性危机——督导内涵意义发生偏离。

（二）督导在质量管理学视角下的内涵阐述

作为管理过程要素的控制行为的督导工作，"督导"本身就有较多效率性的技术要求和限制性的权力作用。对教育特别是高等教育的经济价值和政治意义重新再认识的同时，国家管理教育吸纳、引入现代管理理论，尤其是质量管理理论已在世界范围内普及，教育行政监督活动进入了质量管理理论的对象范畴。管理理论以企业内部的管理活动为主要对象的动态研究表明，管理持续不断的过程必须由五个不同的要素（或称环节）构成：计划—组织—指挥—协调—控制。[①] 具体说，就是任何工作的实施首先要决策制定计划，实施计划必须建立组织，组织一旦成立，就需要指挥、命令组织中的成员分别实施计划，并在协调配置人力、使用物力、集中意志等诸种关系中，努力控制预定的目

---

① 赵玉林. 高校教学督导工作运行论 [M]. 武汉：武汉理工大学出版社，2004：9.

标。控制行为是从组织内部的微观管理活动来加以阐明的，即有组织的系统根据内外部的变化而进行调整，克服随机因素，使自身保持某种固有特性满足质量要求的程度。

控制行为的第一个突出特点是与目的、目标紧密相连，行为活动的目的是保证和维持组织或组织中的全员行为始终不偏离预定目标。为此，控制活动主要通过追踪实施过程、检查实际状态，获取反馈信息与预期计划和确立的目标进行核定，是否一致，有无差距。控制行为的第二个突出特点是其制约、抑制、限制作用，行为活动的作用在于使组织系统中的事物之间、部分之间、人员之间相互约束、相互制约，一般来说是通过发布指令性的政策、规则来发挥这种作用。发挥这种指令作用是为了改变或完善组织或组织中人员的行为，使之具有较强的整体性和协调性，力求在指令能为组织及个人所接受、理解和自觉执行的前提下达到符合预期计划的要求，引导行为过程始终朝向目标。当然，通过指令作用去控制行为，若确定指令有误或错误时，便不是改正控制行为，而是调整修正指令。

控制行为的内涵可以表述为根据组织管理决策的目标与计划，对组织活动及其成果进行监督检查，为消除目标实现与预期目标之间的差异所进行的管理活动。从这个意义上讲，质量管理过程中的控制行为，就其目的和作用而言，类似于行政管理过程中的监督行为。以质量管理理论为指导的教育督导工作，追求教育管理过程中监控行为对实现人才培养目标的高质量教学标准，更注重督导监控活动贯彻激励引导，提高自控行为能力的高效率管理方式。

二、高校教学督导工作的主要内容

高校教学督导工作涉及教学工作的方方面面，总体上看，从督导性质与目的的不同，可将教学督导分为常规督导和专项督导。[①] 常规督导主要依据一般教学理论与实践开展，旨在确保正常的教学秩序，确保基本教学质量，了解情况，发现问题；专项督导则依据学校教学工作重点，围绕教学过程中的某一项内容开展，如专业建设课堂教学效果、学生学习风气等，专项督导旨在解决或改善教学过程中的某一环节，以此推动教学质量的提高。常规教学督导中的部分内容可因其重要性或问题性而转入专项督导之中。

常规教学督导又可依据督导对象及内容的差异，分为督教、督学和督管。督教的对象主要为教师和教学，督导内容主要是围绕教师开展教学工作的系列内容，包括教学设计、教案与课件的准备、教学态度、课堂管理、教学方式方

---

① 宁业勤. 教育评价实践研究 [M]. 杭州：浙江工商大学出版社，2016：201.

法、学生考核评价、试卷分析、毕业设计、实践教学等。督学的对象主要是学生和学习，涉及的内容主要是学生的学习环境与氛围、学习态度与积极性、学习方法、课外活动等。督管的对象是管理人员及其管理工作，包括课程安排、教学组织及运行、教学信息管理、教学督导、教学制度、教学资源配置等，关注管理的有效性与合理性及管理人员的素质与能力。

教学督导还有一类工作内容，即教学督导机构要为所隶属的教学领导或机构提供问题与反馈，咨询与建议，研究与决策，教学督导部门作为非行政管理部门，在教学决策与咨询上为教学行政部门提供极有价值的参考，如专业课程建设的方法、思路与重点，教师考核评价标准，教学改革重点与内容等，这些咨询与建议，在学校制定教学相关制度、明确教学改革重点与方向、促进教学质量提高上发挥着不可替代的作用。实际上，教学督导可以说是一种学术领导。

在教学督导方式方法上，为了使督导工作更为有效更切实际，现场察看指导、调查问卷、座谈访谈等应成为常用的方法，以此确保指导的针对性与合理性。

三、高校教学督导工作的具体方法

（一）抓住教学亮点

其实，每个老师讲课在各个方面都有自己的特色，教学督导要善于发现教师的长处。培养教师的特长，也可把听过课的所有教师的长处，闪光点集中向大家推荐，也可发现优秀的教师，及时地向大家推荐，推荐要牢牢把握住教师的特点、亮点。

（二）阶段小结通报

教学督导听课要经常进行小结，要集中督导所有人的智慧，按大部分、小部分、个别进行归纳总结，总结的重点一是看教学整体设计思路，二是看教学结构和过程的安排，三是看教师对教材的处理是否得当，四看课堂师生互动，五看课堂教学目标的达成度，全面分析教师教学的全过程，并采取大会通报和个别指导相结合的办法与全体教师进行沟通。

（三）督导工作简报

督导工作简报要准确描述全校教师的教学能力和教学质量的整体情况，充分反映全校教师真实的教学水平。[1] 要立足表扬先进树立标杆，以利于调动全体教师教学的积极性为指导，并找准问题，提出建设性的意见和建议，推动教学设计和研究，以提高全体教师的教学水平，提高教学质量。

（四）课堂听课与随机检查相结合

根据学校的实际情况，采取督导集中听课和分散相结合的办法，由于督导人数有限，这种方法有效解决了人力不足的问题，对分散听课中发现的问题，采取集中听课会诊的办法去解决，帮助教师解决不足。课堂听课与随机检查相结合的办法，点面结合，因为课堂听课督导被绑定在固定的课堂上，对学校教师整体劳动纪律情况很难把握，所以，有时采取巡查课的方式也很重要，特别是对有些教师容易懈怠的课程如艺术、体育课等，采取抽查的方法对约束教师认真上课有效。

（五）教师分层督导

对刚登讲台的新教师，督导主要放在讲课能力上，要求教师弄清课的重点难点，理清教学内容主线，能熟练脱稿讲课，打牢讲课基础，练好教学讲的基本功。

对讲过一轮课的教师，督导主要放在推动教师在扩大教学内涵与外延上，拓宽学生学习知识面，在课堂教学互动、教学的组织管理上下功夫。进一步提升教师教学能力水平。

对已有一定教学经验的教师，督导整个课程，要求教师精心进行教学设计，在提高教学效果上下功夫，推动课上和课下形成一体化，不断创新，逐渐形成自己的教学特色。

第二节　高校教学督导的使命与义务

一、优化督导机制，促进高等教育高质量发展

（一）建立独立的高校教学督导机构

目前我国高校教学督导制度尚处于发展阶段，有三种模式，分别是职能处

---

[1] 杨迎天. 高校教学督导工作探析 [J]. 青年与社会，2018 (31)：70-71.

室模式、依附教务处模式以及相对独立的督导委员会模式。

职能处室模式,即在学校设立教学督导专责机构,直接对校长负责,独立开展教学督导活动。依附教务处模式,一般是在教务处下设二级机构,督导人员在职能部门领导下开展工作。相对独立的督导委员会属于校级咨询机构,一般由在职或即将退休、已退休的有丰富教学和管理经验、德高望重的老教授等组成,独立开展工作,直接对校长或分管副校长负责。[①] 综合来看,专门的教学督导机构往往形同虚设,而附属于职能部门就只能做点检查或评价工作,指导欠缺。督导委员会制虽得到学校领导高度认可与重视,但具体督导工作还必须在教务处等的政令配合下开展工作才能顺利和有效。为此,建立一个与教学行政部门平行的独立的教学督导机构是比较合适的,就如同党政机关的纪检委和监察部门一样,只有在这种模式下,教学督导运行机制才相对专业、独立、完善和权威,教学督导的职能和内涵才比较清晰,教学督导在高校教学质量保障体系中的作用才能真正得到发挥。

(二) 建立"三级三类督导"新模式

即建立以"三类督导"(学校专职督导、学院学科督导、校外特聘督导)为核心,以"三级管理"(学校教学督导委员会、学院教学督导委员会、高校教学督导联盟)为架构的教学督导新模式。同时,各督导委员会成员仍需按专业进行分组,如有的大学本科教育教学督导委员会就下设文科组、理工科组、术科组、公共必修课组和公共选修课督导组等,使督导专家个人所督查的学院、专业和课程尽量与自己的专业领域相近,以确保教学督导工作的科学性。最好在"三类督导"或各督导小组都能增加1~2名"外行督导",这有利于从多个角度对高校教育教学问题进行诊断,发现问题,提出更切合社会用人单位或行业要求的建议。"外行督导"可通过公开招聘产生,经过督导培训后即可具备教学督导的资格。特别是借助校际教学督导力量,建立高校间开放、共享督导工作的新模式,以联盟促动督导工作上新台阶,实现教学督导及评估专家资源共享、优势互补,共同参与高校质量管理,是未来重要的机制创新之路。

(三) 建立完善教学督导的整合机制

高校教育质量管理是一个复杂的系统工程,教务处的责任重大,而解决各

[①] 傅昌德. 高校教学督导的理论与实践探索 [J]. 广西师范学院学报(哲学社会科学版),2008 (4): 51-54, 63.

种涉及教学质量问题的能力，却分属各职能部门。如师生的思想政治工作由党委系统负责，学生工作归属于学工系统，教师工作量的考核与奖酬金的管理权在人事处，教学环境建设由后勤处安排，实验室设备管理归资产处等等。此外，院级教务的作用有时不能充分发挥，就把矛盾上交。然而，教学督导委员会没有决策权和行政权，从各方面获得的意见、发现的问题和反馈的情况都汇总交到了教务处。为此，当前高校的督导体系迫切需要建立一种整合机制，把督导监督定位为整合各种监督形式，催发和强化督导力度，形成督导合力的一种监督，督导检查的潜能也使得它能够成为这样一种高效的整合机制，即通过进一步健全教学督导与教务、人事、学生、资产、后勤等管理主体的协作配合与联动，做到督导前有效信息沟通、督导中派员协助参与、督导后能够及时移交督办和解决，形成发现问题、尽快解决问题的整体合力。这对于提高我国高等学校管理水平，促进教育教学质量的提高，具有十分重要的现实意义和迫切性。

二、改进督导方式，促进高等教育高质量发展

（一）明确目标导向的关键在于洞察问题

了解真实情况、发现实际问题是衡量督导工作质量和水平的硬指标，是高校教学督导工作的生命线和实质内容。因此，高校教学督导必须坚持问题导向，关键在于"洞察"问题，有时就是专挑毛病，这样才能真正发挥督导作用。因为制约高等教育高质量发展的往往就是一些难点或瓶颈问题，改革都是由问题倒逼而产生，督导若找不到制约高质量发展的这些问题其本身就成了问题。高校教学督导能否发现问题取决于三个因素[1]：一是敢不敢发现问题，这是责任心的问题，教学督导要敢于动真碰硬，确保真发现问题。要紧盯重要教学领域和关键环节，加强对重点问题的督导检查，努力构建人人重视教学质量的氛围；二是是否善于发现问题，这是方式方法的问题，督导工作的开展囊括了教学实施中的每个环节与步骤，能够非常清晰地了解各环节内容，能够从多个不同的角度来针对教师和学生实施准确的诊断，并最终在第一时间发现其中存在的问题和不足，通过强化问题的研判，成为直接开展督导工作的主要任务，这是督导工作有的放矢的前提；三是能否解决发现的问题，教学督导要与教师及管理人员，通过访谈学生，大家一起分析研究发现的问题，形成解决问题的方案。对于那些一时不能解决的问题，要分门别类，深入调研，形成研究

---

[1] 闫群力. 巡视监督关键在于"洞察"问题[N]. 中国纪检监察报，2013-05-07.

报告，反馈给相关职能部门，以促进对问题的深化认识，尽快有效协调、决策和解决。

(二) 实现专项督导与现场督导的结合

现在的教学督导更多的是定期督导，有固定动作，如学期初、期中、期末组织大规模的督导检查工作，但由于大家都知道，容易出现走过场的现象。高校教学督导工作应统一部署，紧盯师生反映的重点问题，准确把握督导方向，有针对性地确定专项督导任务，开展对重点领域和关键环节的教学督导工作。要有针对性地下沉到学院、课堂、学生中间进行延伸了解，对那些比较重大的或普遍性、倾向性问题，要开展专项督导。平时还要不定期召开任课教师、学生代表、管理人员座谈会，听取他们对督导及教学工作的意见。对于一些薄弱环节，如实验教学、实践环节、毕业论文和设计、试卷分析等要进行专项督查。对学生反映强烈以及长期在督导检查和学生评教中处于后20%的教师要开展重点跟踪督导。[1] 涉及管理方面的问题，要边督边纠，督促相应职能部门以公开的处理方式开展警示教育，以专项治理方式增强教学督导的成效。此外，高校教学督导还要善于借力。比如借助本科教学合格评估、审核评估、专业认证等活动，通过参与这些上级的"专项检查"，可以获得更多、更全面的问题信息和办法，也能为督导工作指明方向。

(三) 实现标本兼治的动力在于成果运用

调查发现，大部分高校的教学督导工作存在着反馈不及时或没有反馈的现象与问题。或者只反馈到相关教学管理部门，教师通常要等到很晚才能知道考评结果，而且结论笼统、模糊，甚至不客观，易引起部分教师的抵触。及时、客观、具有建设性的督导反馈具有良好的积极导向作用，能促进教师转变教学观念，推进教学改革，提高教育质量。同时评价结果应用得当，有助于激励教师工作的积极性和热情。所以一定要充分发挥形成性教学督导评价的反馈、改进、激励、强化等功能，使督教、督学、督管的教学督导评价机制真正成为高校人才培养的推动力。特别是要强化督导成果的运用，对成绩优秀的教师颁发"优秀教学质量奖"，对不负责任、教学质量差的教师，要停开课，转岗或淘汰。要把教学督导的评价结果作为教师聘任、奖惩、培训、进修、评优、立项以及教师职称评定、职务晋升的重要依据，提升教学督导成效。

另外，教学督导在检查中掌握了教学一线大量信息，发现的问题也比较精

---

[1] 田建荣. 促进高质量发展：高校教学督导的使命与责任 [J]. 教育与考试，2020 (5)：81-86.

准，提出的建议有重要参考价值。但如果反映的问题一直得不到处理、解决或完善，就会打击教学督导的积极性。为此，还要高度重视对督导所反映问题的研究和处理。基层学院和教师、学生及管理部门，一定要很好地运用督导成果，督促整改，限期在一定时间内整改到位，立足治本，建立整改情况的督办机制，加大推动形成彻底整改的力度，提升监督成效。对于存在问题的单位和个人要透过现象看本质，找出病灶，挖出深层原因，剖析问题根源，提出有针对性的解决办法和举措。督导检查结束后，要全面深刻总结，及时讲评和通报，通过举一反三，更好发挥教学督导的综合效应。

三、强化督学职能，促进高等教育高质量发展

学生及其学习是高校人才培养的中心，高等教育高质量发展应以提升学生学习质量为核心，没有学生的成长和进步，高等教育高质量发展的其他方面都没有意义。但当前多数高校教学督导工作存在着"督教"不"督学"的现象。教学督导人员的主要工作形式仍是听课，亦即"督教"，对如何指导学生更好地学习缺乏有效的督导，"督学"缺位。高等教育质量发展中主体的错位带来的是对高等教育发展对象的不明晰，从而导致对发展对象认识的偏差，以机构的发展代替人的发展，使高等教育发展的重心明显有违高等教育发展的初衷。为此，必须凝心聚力，勇敢担起和充分发挥高校教学督导的"督学"责任，以便从本质上保证高校教学效果，提高高等教育质量。

所谓督学，是指对学生的学习进行监督、评价和引导。教学质量的高低，教学效果的好坏，固然与教师的教学态度和授课水平有关，但最终取决于学生的学习成果。教学工作中教师是主导，学生是主体。学生如果没有端正的学习态度，强劲的学习动力，经常迟到、早退，上课玩手机，甚至无故缺课，再好的教师也无法保证教学效果和质量。因此，教学督导在督导教师"教"的同时，还要了解和督导学生的"学"，狠抓学生的学习态度、学习纪律、学习成果完成等情况，要重视学生参与度考察，帮助和改善大学生对学习过程的体验，督促学生形成刻苦读书的良好学习习惯。还要经常与学生进行沟通，了解学生的学习困难和合理要求，调动和激励学生的学习兴趣，促进学生自我管理，学会充分利用非正式学习时间和空间，提高学生综合素质，从而达到高质量培养人才的目的。

具体而言，教学督导应把注意力更多地放在学生身上，因为学生是体现高校人才培养质量的载体，应成为教学督导的主要对象，而课堂中的表现仍是检验学生学习质量最直接的体现。督学的首要任务应从课堂教学入手，深入课堂一线近距离细致观察学生的学习状况，倾听教师、学生对课堂教学的不同诉

求,并注重督促学生形成优良学风,以督促学。通过和班级接触,关注学生的学习性投入,加强对学生学习过程的督促、检查与指导,将学生课前准备、听讲、作业、研讨、考试以及课外研习等作为主要的检查内容,并加大学习方法指导的力度。再配合树立"成果为本"的思想,在 OBE 理念的指导下,不断强化对高校学生学习成果的问责与监督,增强对学生学习的响应能力,通过科学的督导教育活动,服务和促进学生的学习。尤其要强化对考试环节的督导,严肃考风考纪,强化考试的促进功能,"以考促学"。我国大学生都是通过高考磨炼和筛选出来的优秀人才,如果在大学阶段缺少或淡化了考试的督促作用,他们的学习就会失去方向,表现出明显的学习动力不足。

当然,学生作为教育教学的全程参与者和直接受益方,对高校的教学工作的评价也是最客观和最有话语权的。对学生学习满意度进行调查有利于客观地评价高校教育教学,反过来实现"以学督教",最终达成有效督评教师教学的目的,这是促进高校教育教学工作整体水平提高和高质量发展的又一途径。只不过,在现代开放学习环境下,大学学习者获得信息的渠道广泛,知识背景各异,努力程度不同,所处的学习环境也千差万别,学习兴趣、学习目的更是因人而异,相应的高校督导工作也要充分利用信息化手段加强对现代开放学习方式下学生学习的督导,借助于大数据技术的发展,记录教学者和学习者海量的学习数据和轨迹,努力为满足学生个性化发展需求和高质量发展需要提供支持与服务。

四、彰显督导权威,促进高等教育高质量发展

(一) 彰显督导权威应实现全覆盖

全覆盖就是要实现高校教学督导工作的全方位、全过程和全员化。高校教学督导工作是全面的教学质量监督。对二级学院来说,教学目标、教学计划、教学管理、教学条件、教师的教和学生的学等,都要对其实施全方位的督促和检查;除理论课外,对实验课、实训课、校内外实习基地等凡涉及学生参与的一切教育活动,教学督导都有责任加以督促和检查;技能型人才培养最为重要的实践性教育环节不能再出现督导缺位现象。全过程就是对每一教学环节进行严格督导,包括教学任务承担、教学计划制定、课前准备、课堂教学、考试评价、实践教学、毕业设计等各环节进行全程质量监控,及时总结并向相关教师及职能部门反馈信息,以便进行调节和改进。全员化就是要逐步实现和做到督导每一位教师和学生,确保每学期每一名教师,能够有两名校级督导负责对其进行听课督导,并观察了解学生的学习情况。同时,强化专家督导与学生督导的联系，完善学生督导制度，选聘"学生教学信息员"或"学生督导员"，以便从更全面、更细节、有当事人参与的全员督导深入，真正落实大督导理念。当然开展网上评教、网上督学，充分利用信息化手段扩大督导工作覆盖面也是今后努力的方向。

（二）彰显督导权威应实现长效化

随着教学改革的不断深入，高校教学督导工作职能在逐步扩大，这就要求形成发现、分析、诊断、改进高校教学工作问题的长效机制。开学初，检查学生到校情况，教师上课情况，教材领用以及实验室准备情况、教学条件保障、设备运转、教学环境和后勤服务等日常情况；期中，检查教学计划执行情况、教学管理制度落实情况以及教学过程中存在的问题；期末，对考试命题、试卷评阅、试题分析、成绩录入、综合素质评价反馈等进行检查。这些动作固定下来，使其制度化，就是督导在高校教学中长效机制的一种发挥。当然，在此期间也要附之不定期进行专项督导，并尽量加快巡查督导频率，以达到专项督导检查常态化。同时，为了建立长效机制还必须开展"回头看"督导，加大跟踪督导的力度。

设立专门的"教学督导接待室"，建立督导值班制度，是确保督导工作长效化的根本保障和制度措施。督导员可以采用"坐堂门诊"的形式，在固定时间满腔热情接待教师、学生，也可预约座谈，随时反映问题。督导专家以认真倾听、准确记录、交流沟通的精神，畅通信息交流渠道，了解掌握更多的教学信息。在督导接待室还可以通过提供"一对一"的私密性咨询帮扶活动，充分发挥教学督导自身深厚的学科知识和丰富的教学经验，帮助教师特别是青年教师提高教学水平。也可以和各高校普遍成立的"教师教学发展中心"密切合作，开设教学工作坊，以主题沙龙、说课评课、经验分享、模拟课堂、案例会诊等形式开展教学研讨活动；通过体验式、互动式、参与式学习来探索和解决问题，激发教师对教学的热情与关注，从而调动教师教学的主动性和积极性，有效助力教师提高教学技能，促进教师专业能力发展。

（三）彰显督导权威应实现专业化

首先，人员配备的专业化。教学督导必须是具有丰富教学经验的资深教师或教学管理者，是一位能对学校教学工作进行品评的行家，在学校师生中德高望重、具有权威性，同时还要能够保证有足够的时间和精力来投入教学督导工作。同时要考虑年龄、性别、学科专业等因素，优化退休人员与在职人员、学术人员与管理人员、教育教学理论人员与学科专业人员的比例等。特别是要有高度的工作热情、较强的奉献精神和强烈的责任心和使命感，看问题客观公正，具有为学校提供发展、管理、决策、咨询、建议的能力。对于在以往督导工作中勤奋敬业、公正无私、业务能力强、督导效果好的要长期聘用，使部分教学督导成为专业人士，走上职业化之路。特别是要选聘好督导组长或督导委员会主任，督导组长或主任在一定意义上决定了教学督导工作开展质量的高低，也决定了督导委员会的形象和威信。

其次，教学督导必须有专业权威。"威"主要包括两个方面：一是权力之"威"；二是专业之"威"。后者是督导人员"威"之真正根基所在，也是其开展工作的重要前提。各高校应建立规范和完善的制度保障督导人员的权力之"威"，体现督导活动的正当性和权威性，保持其工作的独立性。当然最主要的是要在督导工作实际中，督导人员必须借助精湛的业务能力，逐渐树立起个体和团体的专业权威。教学督导要努力成为教育专家，做教育教学改革的急先锋。在工作作风上，不能急功近利，急躁冒进，急于求成，但也不能慢慢腾腾，拖泥带水，应付差事。要充分利用好学校督导的特殊地位，发挥优势，保持权威，取得实效。为彰显督导权威，有时的确需要扮演"教学警察"的角色，但必须处理好与各方面的各种关系，要深知即使赋有"教学警察"的责任，也只是"协警"和"辅警"。

最后，要加强对教学督导人员的培训。督导人员也是普通教师，随着督导工作的专业化，努力为督导人员创造良好的学习环境，通过请进来、送出去、相互交流等形式加强对教学督导人员的培训十分重要。通过培训，更新教育观念，提高教学督导水平。通过举办专题研讨班，集中培训，学习新的督导形式，重在更新督导理念。通过定期组织督导人员参与校际调研走访，相互学习、取长补短。通过参加全国性、国际性教学督导学术会议，开阔视野，促进思考。特别是要通过定期组织的督导例会，有计划地组织学习教育理论，深入探讨督导工作中遇到的问题，形成丰富多样的研究成果。可以在督导委员会中组建若干专题研究小组，围绕教学督导的重点、难点问题开展调查、研究和试点，探索具有本校特色的教育教学督导机制和教育教学质量保障体系，为确保和满足我国高等教育高质量发展做出教学督导应有的贡献。

第三节　高校督导队伍建设的重要性与原则

一、高校督导队伍建设的重要性

（一）适应高等教育大众化发展形势

面对高等教育大众化发展的新形势，高校教学督导队伍素质状况如何，教学督导员的工作是否到位，将直接影响到我国高校教学质量的好坏，影响到我国高等教育在国际上的声誉，影响到学校的稳定与发展。因此必须下大力气建设高素质的教学督导队伍。加强高校教学督导队伍建设，是适应高等教育大众化背景下高校教学质量管理的必然需要，是培养新世纪合格人才的重要保证。[①]

（二）有利于加强对高校教学的管理

高校教学督导是高校教学质量管理的一个重要环节，只有建立一支高效精干的督导队伍，让其成员深入教学第一线随堂跟踪听课、评课，对教师教学态度、教学内容、教学方法、教学手段、教学艺术水平、教书育人、课堂秩序等进行督导，才能对教师产生良好的鞭策作用，促使其在教学上增加精力投入，有利于增强教师的责任心、进取心，变压力为动力，防止出现应付性讲课，才能促进教学的规范化，确保每节课的授课质量，发挥强化教学管理的作用。

（三）有利于增强教学导向的规范性

加强高校教学督导队伍建设旨在让教学督导员在跟踪随堂听课、指导试讲、指导实践教学的时候，把"督"与"导"结合起来，从而保证教学目标的实现。教学督导员采取课后面对面地与教师就授课状况进行交流的方式，充分肯定其成绩，实事求是地指出不足，中肯地提出改进意见，这对规范教师，尤其是青年教师讲好每一节课，做一名合格的教师将起到良好的导向作用。

[①] 邓青林. 高校管理队伍专业化与教学质量优化研究［M］. 世界图书出版西安有限公司，2018：191.

（四）有利于加强领导与教师的联系

只有加强高校教学督导队伍的建设，才能确保教学信息的全面、客观、务实。教学信息是教学督导的重要基础，教学督导员深入教学第一线督导、巡视、检查、评估，收集整理和分析各类教学信息，建立信息档案，并通过适当形式及时进行反馈，这实际上在学校领导和教学第一线教师之间架起了一座桥梁，起到联系领导和教师的纽带作用，达到与教师、领导沟通的目的。信息的沟通和及时的反馈可以促使教师不断改进教学，从而不断提高教学水平，使行政管理部门及时掌握教学情况，对教学的改革和建设进行正确地控制。

（五）有利于提升领导决策的正确性

只有加强高校教学督导队伍的建设，才能保证高校教学督导人员深入教学第一线，对教学各环节进行全程跟踪督导，才能对督导过程中发现的影响教学质量的诸多问题进行分析，并对带有共性的问题、热点问题（如教师素质问题、教风问题、学风问题、考风问题等）进行深入研究，从中找到问题的实质和解决方案，进而向学校领导提出能解决问题的参考意见。加强高校教学督导队伍建设可以充分发挥领导智囊团的功能，从而为正确决策起到咨询参谋的作用。

二、高校督导队伍建设的原则

（一）保证人员遴选的科学性

督导员的个人综合素质（包括工作态度、思想道德水平、知识结构、业务能力、言谈举止和人际关系等），在很大程度上会影响督导工作的权威性和有效开展。因此，应当保证人员遴选的科学性以使上岗的督导员具有较高的综合素质水平，保证高校督导员具有较高的思想道德、文化以及能力素质水平。

（二）保证队伍结构的合理性

教学督导的职能决定了教学督导工作的综合性、复杂性，从而对高校督导队伍的构建提出了更高的要求。可以通过督导员多个个体的有效组合，打造一支高素质的督导团队，发挥个人的特长，取长补短，形成督导合力。基于此，应重点关注高校督导队伍职务、年龄、来源、学科这四大结构的合理性。

（三）增强督导工作的制度性

规章制度是教学督导工作的重要保障，保障着教学督导工作健康、有序、顺利开展。我国高校教学督导工作的历史不过是十几年的时间，在制度建设方面还不成熟。因此，高校应从自身实际出发逐步建立和完善科学、规范的教学督导队伍制度，包括聘任制度、培训制度、例会制度以及考核制度等。

（四）保证信息反馈的畅通性

在教学过程中，只有全面掌握教、学双方的反馈信息，才能全面了解教学的实际情况，才能对教学做出相对全面的评价和有效的调控，所以需要建立一个多渠道无障碍的信息收集和反馈系统，这样信息才能上传下达，才能保障督导工作的有序高效开展。具体来说，应建立健全规范化的督导员反馈制度、学生信息员制度以及教学督导网站。

（五）保证队伍设置的独立性

教学督导是一个以教学质量监控为主的独立体系，主要职责是对教学过程的引导、督促。教学督导的性质和职责决定了教学督导的机构设置必须独立于教学管理部门、学生管理部门和教学实施部门，并在校长的直接领导下对全校的教学工作进行检查监督和指导。设立相对独立的教学督导机构，一方面，它能比较客观公正评价教学管理部门的工作运行，严格教学管理过程。另一方面，按照"检查督促，总结经验，发现问题，指导改正"的思路，依据一定的评价标准，协助教学管理职能部门对教学工作的绩效进行检查监督、质量评估、研究分析，以此为基础对教学工作进行监督与指导，从根本上提高教学质量，推动教学改革的不断深化。

此外，还必须设立专门的活动经费用于保证督导工作的正常开展。对优秀督导员和先进教师进行物质奖励，促进督导手段的现代化，建立督导网络，编辑督导文献，考察国内外先进的督导理念、督导经验，召开督导理论研讨会等，都要有物质保证。

第四节　加强高校教学督导队伍建设

一、高校教学督导队伍建设困境

（一）督导制度不健全

由于目前还没有关于高校教学督导的统一性规定，大多数高校的教学督导制度存在缺失或不够完善的情况，导致出现督导的责任、权力界定不明晰等问题。在督导过程中，各高校教学督导模式也不尽相同。

（二）队伍结构不合理

从总体上来看，当前高校教学督导队伍中存在缺乏教育学专业背景、人员年龄整体偏大和正高职称人员偏少等一系列问题，距离专业化、专家型等要求有明显差距，最终导致在督导工作中不能有效发挥应有的教育教学督导功能。

（三）督导内容不全面

高校办学中存在重理论轻实践的问题。应用型高校实践教学是至关重要的教学环节，影响着人才培养质量。然而，高校督导工作内容明显对实践教学不够重视，忽视了应用型本科办学定位，督导工作内容的偏差从根本上影响了教学督导功能的有效发挥。

（四）督导评价不科学

一套科学合理的评价指标体系是督导工作具有权威性、督导结果具有公信力的先决条件，而这正是很多高校教学督导工作中的短板。在督导工作实践过程中，教学督导由于缺乏客观的评价指标体系，主观化倾向严重，往往凭借经验进行工作。如教学督导的工作方式主要以听课为主，每学期按学校要求完成20 节次、30 节次的听课任务，听课后根据自己教学经验简单写出几句评语，给出教师课堂教学质量等级即认为完成了督导工作职责和要求。事实上，教学督导如何对教师的课堂教学表现及其教学效果等评价应该有一个明确的评价标准，但由于目前许多高校缺乏相应的评价指标体系，致使教学督导评价难以实现客观化和科学化，一定程度上降低了督导工作的可信度和权威性。

（五）督导结果认可度不高

教学处于高校各项工作的中心地位，因而教学督导在工作实践中把督教作为其重点工作之一。由于教学督导学科、专业不同，有的教学督导虽然在自己学科、专业领域造诣很高，但对其他学科、专业并不了解，加上教学督导自身对教育理念、教学范式等理解不同，工作中可能出现不同督导对同一位教师的课堂教学有不同看法，甚至产生截然不同的评价意见，导致教师质疑督导结果的权威性。

二、高校教学督导队伍建设策略

（一）优化督导队伍制度建设

随着时代的进步和社会的发展，国家对高校教育教学提出了一系列新的要求，高校教学督导工作应与时俱进，在教育高质量发展下不断更新融入新思路、新手段、新方法，这就需要完善教学督导制度，以增强督导工作的科学性、专业性、权威性和可操作性。

调查表明，有很大一部分教师希望建立的教学督导组织机构是满足以下三个条件的督导咨询模式[①]：一是独立于教务处等职能部门；二是非行政性机构；三是具有一定的独立性。此种模式基于学校教学指导委员会开展工作，受学校校长或主管教学的副校长直接领导，工作中遵循教育教学的基本规律，以实现学校人才培养目标为追求，对教育教学活动全方位进行"督"和"导"，切实做好检查、指导、咨询，并提出建议，以提升教育教学管理水平，提高教育教学质量。此种独立咨询模式的好处在于既具有一定的独立性和权威性，又把工作重心放在提供指导和服务上，而非一味行政式的检查和监督，能使督导在教学质量决策咨询、信息反馈中发挥其应有的作用。

各高校应尝试在保持教学督导组织与教学行政管理部门相对独立的基础上，根据学校办学目标制定切合实际的督导工作机构，以对学校教学工作进行全方位、全过程的指导与评估。为使教学督导机制卓有成效，必须建立健全相应制度，具体来讲，教学督导主要包括以下几方面的制度：一是基本制度，如教学督导工作制度或工作条例、督导人员的选聘制度或遴选标准、督导人员工作手册、督导人员管理办法等；二是工作制度，如日常检查办法、咨询指导程

[①] 姚相全，周东明. 高校教师对教学督导的认识与期望的调查研究［J］. 教育研究与实验，2011（5）：66-69.

序、问题反馈机制等；三是责任制度，如教学督导组织机构的岗位职责、督导人员的工作职责、教学信息员的职责及其考核等。同时为切实了解教学督导工作的成效和质量，还应根据督导工作本身发展规律制定针对督导质量的评价制度。即基于督导工作发生、发展过程，对教学督导工作本身进行评价，可在全校教师、学生中采取问卷调查的方法，开展对教学督导工作的相关调查。建立教学督导工作的评价即评估制度有助于各高校及时梳理、总结督导工作做法，既发现一些好的经验，又正视存在的不足，扬长补短，以在遵循督导工作客观、内在规律的基础上使教学督导工作本身不断完善，进而提升工作质量。

（二）提升督导队伍专业化水平

高校通过选拔聘任的教学督导只是代表其按照条件达到了准入标准，工作中要真正发挥出教学督导的职能和作用还需要对教学督导人员开展系列针对性培训。首先，高校教学管理者应充分认识到对教学督导队伍培训是教学督导工作高质量、高水平开展的前提和基础，各高校应有目的、有计划、系统性规划教学督导的培养、培训工作。其次，高校要制定教学督导培训制度，通过定期交流培训、学习研讨、"请进来"与"走出去"相结合等多形式、多途径提升督导培训效果，确保督导水平上层次，使教学督导在专业化、高水平发展中促进学校教育教学质量和人才培养质量的提升。

（三）注重督导队伍内涵式发展

新时期，高校教学督导工作内容应主要围绕教师、学生、教学管理服务等方面开展。因此，教学督导工作内容上既要注重对教师教学上的"督教"，又要注重对学生学习上的"督学"，也要注重对学校教学管理的"督管"，做好三方面的咨询、指导和服务工作。

具体来讲，督教，主要是指教学督导基于学校教学工作角度，从专业设置、人才培养方案到课程大纲、教材、教学计划等所有具体的教学实施环节所进行的检查和指导。主要包括培养目标督导和教学过程督导两方面内容。督学，就是从学生的角度出发，基于学生学习的主体性，对学生的学习情况，如学生的课堂表现、预习复习情况、学风、考风、实习实训等内容进行全方位的督促、检查和指导。教学督导一方面要积极与学生加强交流，对学生学习的自主性、学习态度、学习方法、学习效果、就业能力和综合素质等内容进行检查和评估，并给予指导和建议；另一方面要督促、指导学生养成良好的学习习惯，形成良好的学习氛围，调动学生学习的主动性，培养学生的自主性和创新性，最终提高学生的综合素质，进而实现教学督导的终极目标。督管，就是从学校的教学管理视角出发,对学校的教学运行、教学秩序等进行监督、检查和指导,以了解教学管理工作的状况,并根据发现的问题提出切实可行的改进措施并反馈给相关部门督促其落实,进而提升教学管理质量。

教学督导工作中要注重拓展工作内容,对教、学、管进行全方位、多样化的咨询、指导服务。首先,要加强"导"的力度,在具体工作中要开展多种形式的帮教活动。如举办专题研讨、说课活动,还可根据听课与集体评估的结果,开展观摩教学、让优秀教师上示范课等,总结和推广优秀教师的教学经验和方式、方法。要开展长期跟踪督导。对教师"督教"中可引用发展性评价模式开展长时期的持续督导,即通过对同一个教师的同一门课程多次听课,全面了解教师教学情况,给出公正评价。同时根据听课中发现的问题,及时与教师交流反馈,提出相应的建议、意见。后期对教师继续跟踪,看其就问题、意见的改进情况,在持续改进中提升教师教学水平。其次,要加强与学生的沟通交流,在对学生的"督学"中应积极倾听学生的意见、建议及问题,通过与学生座谈、问卷调查等方式切实了解学生学习接受程度、学习体验感受等,及时解答学生学习中的困惑、问题,有针对性地对学生学习进行多方面指导。最后,要展开专题性跟踪督导。可把评价型督导转变为研究型督导,对学校教学管理方面的"督管"要有针对性、重点性,如在督导中围绕青年教师能力提升、课程思政建设、课堂教学改革、学生学习方法创新、学生学习成效提升等专题有针对性地深入课堂听课,并开展系列专题研究,从而为教学管理积极建言献策。

(四)构建科学的督导评价体系

一套符合实际、切实有效的教学督导评价指标体系是督导工作真正"落地生根"、取得实效的前提。各高校应遵循教学督导相关规章、制度,参照国际教育质量评价体系,制定和学校实际发展状况相符的督导评价体系。教学督导在工作开展中,不应仅仅表现在日常教学检查、学生考风督查等层面,还要重点关注教师专业发展和学生实践能力、创新能力、创业能力和就业能力的培养,建立基于教师发展和学生成长成才的教学督导评价指标体系。因此,要着力制定建立教师教学质量评价、教师教学业绩评价、学生考试考核评价、学生学习成效评价等一系列评价指标体系,并要结合教学督导在日常督查和指导过程中发现的问题和提出的建议去修订改进上述评价体系,切实提高指标的科学性和合理性。

随着社会的进步和时代的快速发展,在信息技术、互联网等影响下,高校教学方式、手段等都在发生新变化,随之也产生了一些新问题,教学督导工作在此背景下也应与时俱进,更新督导方式方法。教学督导应采取灵活多样与实效的方法,做到常规与重点相结合,专题督导与全面督导相结合,定性督导与定量督导相结合,督教、督学与督管相结合,切实在"督"的基础上做好各项服务工作。

教学督导要做好"督教"的服务工作,督导在深入课堂听课时,应抱着向教师请教、学习的态度,真实了解教学的现实状况,积极发现好的典型,推广好的教学经验。要和被督导教师一起发现教学中存在的问题与不足,并从持续改进的要求出发,针对问题提出切实可行的改进措施,促进教师发展进步,提高教师教学专业化水平。同时,对于督导中发现的一些教学上存在的共性问题,可以通过面对面研讨、教学沙龙、名师示范课等多种形式加强教师培训,把教师培训作为教学督导常规化工作的内容与方式,有目地探讨、交流和解决教师在教学过程中的共性问题,帮助教师提高教育教学水平,改进和提升教学质量。

现代教育理论认为,教学活动的出发点应当以促进学生的发展为本,这也是教学督导工作的最终落脚点。因此,教学督导也要做好"督学"的服务工作,督学中要善于与学生沟通、交流,引导学生形成正确的学习态度、明确的学习目标。同时,通过学生座谈会、问卷调查、学生访谈等多种方式了解学生对教师教学、学校管理、学校人才培养等方面的看法和问题,认真梳理、及时反馈,提出切实可行的解决办法,并要把最终解决结果告知学生,使督学达到应有的效果。教学督导还需要做好教学管理的服务工作。工作中可以有计划地到教学管理部门、二级学院等探讨教学管理工作的执行情况,还可以深入教师群体,通过与教师访谈,了解教学管理工作的执行情况等并及时收集反馈的问题、建议,形成具有决策性的调研报告,为学校切实高效的教学管理提供科学依据。

(五)更新并应用先进督导理念

高校教学督导工作的主要任务是促进教师专业发展,提高学生学习成效,提升学校教育教学管理服务的质量和效率。因此督导应在高校立德树人的根本任务要求下秉承以人为本的督导理念。督导工作坚持以人为本,就是要以教师和学生两大群体为工作对象,把改进学校教育教学质量作为职业使命,从教师的教和学生的学两个角度进行全面质量监控,并提供咨询、指导服务,引导教师合理地使用必要的现代教育技术和信息资源,寻求适当的教学方式、方法等来进行教学,切实发挥教学督导工作应有的监测、引导、反馈功能以及激励和改进功能,最终实现教育教学质量的提高。

教学督导工作开展要想科学分析解决遇到的种种问题，找出问题的根源，就应在新时代高等教育发展背景下认真学习、领会党和国家有关高等教育的方针、政策，积极适应新形势、转变新观念、融入新思想。及时更新自己的教育观念，树立正确的教育观、教师观、学生观、人才观，工作中切实站在以人为本的高度，积极与师生交流沟通，耐心倾听他们的意见和诉求，及时处理与反馈提出的问题，做师生的良师益友，做先进教育教学理念的践行者、先行者。

教学督导作用的发挥很大程度上取决于如何运用教学督导结果，如果督导结果被合理、正确采用，就会激发教学督导工作的主动性、积极性，也有利于被督导者感受到督导工作有作为，在督导指导下提升其教育教学水平。高校要注重加强教学督导结果的运用，最大限度发挥形成性教学督导评价的反馈、改进和激励功能，以使其在督教、督学、督管中提升教师专业发展和学生学习成效，助推高校人才培养质量走向新台阶，最终实现教育高质量发展。高校要高度重视教学督导结果的利用，应把督导工作的评价结果科学、合理地利用到教师职称（职务）评聘、教师教学质量考核、各类评奖评优、科研项目申报等工作中，切实重视并发挥教学督导成效。另外，教学督导在日常工作中通过教师、学生了解到学校教学运行、教学管理中的真实信息，从中发现一些问题并有针对性地提出相关建议。但如果学校相关部门迟迟不去解决、处理或对督导提出的建议不理不睬，就会影响教学督导工作的主动性、积极性，长期下去督导可能产生懈怠、应付等不良工作态度，严重影响教学督导功能的有效发挥。因此，学校要对督导发现、反馈的问题高度重视，要积极对问题进行研究和处理，督促相关职能部门根据督导提出的问题和相关意见，积极主动吸取督导建议、采取相关措施解决问题，在注重督导结果中提升督导工作成效。

第七章 高校教学质量保障的重点
——高校教学质量评估

教学质量评估实际是评估现有的教学体系，对于现存教师以及现有学生的价值认识、价值判断以及价值评论进行一系列的评估工作。在教育教学中，教学质量评估的要求会对教师以及学生做出一系列的指导，根据其提出来的各种要求进行教学活动。并通过对教学活动进行一系列的评估，从而对其教学观念和教学方式有一定判断引导和指挥的作用。

教学质量评价是高校管理的重要内容，是影响学校发展的一个重要因素，也是培养教师教学能力的有效手段。搞好教学质量评价是每一所学校在管理中要重点解决的问题。合理而公正的评价方法，不仅能全面公正地反映教师工作的基本情况，充分尊重教师的权利，而且还能有针对性地提高教师的教学质量。[①]

第一节 高校教学质量评估的变迁与展望

一、高校教学质量评估的变迁

（一）从注重甄选评优到关注服务学校的发展

在高校教学试点评估取得成效的基础上，1985年，我国明确建立了高等教育评估制度。《中共中央关于教育体制改革的决定》指出国家及其教育管理部门要加强对高等教育的宏观指导和管理，教育管理部门还要组织教育界、知

---

① 梁延秋. 高等教育教学评估与发展研究 [M]. 北京：中国商务出版社，2018：75.

识界和用人部门定期对高等学校的办学水平进行评估，对成绩卓著的学校给予荣誉和物质上的重点支持，办得不好的学校要整顿以至停办。该阶段的教学质量评估在评估结果上必然体现为不同的学校等级，既有获得优秀的学校，也有办学水平低下的学校。这一评估目的在 1994 年以后进行的选优评估、合格评估、随机性水平评估、水平评估中表现得更加明显。尤其是在 2002 年的《普通高等学校本科教学工作水平评估方案（试行）》实施中，将本科教学工作评估结论分为优秀、良好、合格和不合格等四种，引发了不同水平学校的竞争和分等。尽管在《普通高等学校本科教学工作水平评估方案（试行）》中要求贯彻"以评促改、以评促建、以评促管、评建结合、重在建设"的原则，但是在水平评估过程中并没有完全坚持这一原则，出现盲目追求"优秀"、被评高校被动迎评的局面。在对水平评估的实施效果进行讨论和反思的基础上，高校评估制度得到了不断完善。2011 年，教育部在《关于普通高等学校本科教学评估工作的意见》中强调本科教学质量评估的目的是促进政府对高等学校实施宏观管理和分类指导，引导高等学校合理定位、办出水平、办出特色，将教学质量评估作为政府对高校宏观管理的主要途径，发挥评估在学校自我定位、特色创建等方面的价值，突出评估对学校发展的价值，淡化不同学校之间的竞争。在 2013 年开始实施的审核评估中，明确提出要坚持学校的主体地位，将促进学校发展和提升学生学习效果作为根本性目的，评估要为人民把关、为学校服务，重视"五个度"，将各高校的人才培养效果与其设定培养目标进行审核。从上述的评估政策演变过程可以看出，我国高校教学质量评估从原来的对学校进行等级性评价正在走向为学校发展提供服务和支持的发展性评价。

（二）从注重社会效用到关注学生的发展

长期以来，我国高校教学质量评估的主要模式是目标导向模式和 CIPP（背景、投入、过程、结果）模式。目标导向模式从预设的教育目标出发，对办学成效进行评定，而其中的教育目标主要体现为社会需要；CIPP 模式强调为决策服务，在评价时把是否为社会服务、是否具有社会效用作为价值判断的尺度。2003 年的高校教学质量评估是以国家对教育的总体要求为价值取向，采用统一的评估指标，由教育行政部门具体布置、自上而下地执行，并以定量的分析方法为主进行目的到达度评价。虽然这种评估将政府当作评估主体，强调教育的社会价值，使高等教育的结果与社会发展相结合，但忽视了人的发展与价值。将育人的手段、工具或途径作为评价的重点，而学生在学习过程中的体验、学习取得的学业成就等因素被忽略，这表面来看是基于"良好的资源投入必然可以带来好的教育质量"这一前提假设的行动逻辑，实际上却是教学质量评估长期以来目中无"人"的价值取向的体现。

(三) 从强调行政问责到促进学校自主发展

1998年颁布的《高等教育法》第44条规定高校的办学水平、教育质量，接受教育行政部门的监督和由其组织的评估，明确了我国高校教育教学质量必须接受政府的监督和行政问责。2003年的第一轮本科教学质量评估提出的"以评促改、以评促建、以评促管，评建结合、重在建设"原则，从办学指导思想、师资队伍、教学条件与利用、专业建设与教学改革、教学管理、教学效果等方面的外在量化指标对高校进行问责，并且规定了严格的奖惩机制。评估结论为"暂缓通过"的高校，需要在暂缓期内积极采取措施改善办学条件，提高管理水平，重新申请接受评估；评估结论为"不合格"的高校，由教育部区别情况，令其限期整顿、停止招生或停办。这种自上而下的行政问责将评估结果和教育资源的分配联系起来，致使不少高校产生了应对评估的机会主义行为。

2013年，教育部颁布的《关于开展普通高等学校本科教学工作审核评估的通知》明确提出，评估要对学校人才培养目标与培养效果的实现状况进行评价，同时要尊重学校办学自主权，强调学校在人才培养质量中的主体地位。将学校作为评估的重要主体，不再是被动的受评对象，从审核评估的指导原则、程序方法等方面都体现出高校及其师生的主体地位。尤其是审核评估要对人才培养效果进行审核，对其目标实现状况生成写实性报告，找出问题，促使学校进行有针对性的整改，在程序上增加对整改效果的评价，明确提出评估要为学校发展服务的目的。同时将"质量保障"单列为一个审核项目，从质量标准、规则制度、组织机构、运行机制和管理队伍等方面来形成内部质量保证体系，以确保培养目标的达成度，以促使学校发挥自主性和积极性，建立起完善院校的内部质量保障体系。从外部投入条件的评估向内部保障性因素关注的转变，是基于对影响高等教育内部因素的充分认识，体现了高校教学质量评估价值取向从行政问责向促进学校自主发展的过渡。

(四) 从重视办学条件到关注资源使用效果

2004年，从《教育部办公厅关于印发〈普通高等学校本科教学工作水平评估方案（试行）〉的通知》可以看出，在7个一级指标下设的二级指标中，内容多偏重于硬性的、可测量的指标。在一级指标"教学条件与利用"下有教学基本设施、教学经费两个方面，其观测点分别为校舍数量、实验室、实习基地状况、图书量、运动场面积、四项经费占比、生均四项经费增长情况等方面。在随后的评估实践中,无论是参评学校还是教育行政部门抑或评估专家主要是针对办学条件进行评估和考察,而对教学过程管理制度保障、办学定位、培养目标、课程标准、师资的发展及其积极性、各种办学资源的利用效果等因素的关注不够。

在2013年制订的审核评估方案中,在对教师队伍、教学资源等项目数量有基本保障的前提下,尤其强调资源的利用效果。将学生在校学习期间的学习支持和学业成就作为教学质量评估的两个重点,体现了从注重投入注重产出的转变、从注重教到注重学的转变,以及以学生为本的理念。如在"教师队伍"这一项目中包含"数量与结构""教育教学水平""教师教学投入""教师发展与服务"等四个要素,从数量、结构、水平、投入、服务等方面考察教师队伍的状况。一支好的教师队伍应该具备的基本特征是数量足、结构好、水平高、肯投入和能持续发展等。不仅关注教师队伍的数量与结构,还关注教师对于人才培养工作的投入,能够将优质的教师资源、科研资源转化为人才培养资源。[①]

二、高校教学质量评估工作取得的成果

(一) 建立了高校教学质量评估法制体系

高校教学质量评估工作开展的重要前提在于国家制度、文件和法律的出台。国内的知名高校也纷纷加入进来,将高校教学质量评估的法律和制度建设作为硬性目标。当高校的法律约束执行到一定程度,便成为一种自觉行为。高校教学质量评估工作中处于被动地位的高校,催生了内在文化建设,促进了高等教育评估体系的建立和高校教学质量的提高。

(二) 提高了高校的教学质量,改善了教学环境

高校教学质量评估的结果关系着其荣誉和生存空间,受到各高校的重视。教学质量评估的一项重要指标是校园环境建设情况,各高校加大了对图书馆、实验室、教学设备的投入,大幅提升校园硬件设施。另一重要指标在于师资力量建设,高校不断引进优秀教师以充实教学队伍。高校硬件、软件环境得到改善的同时,校园管理水平和服务意识也随之提升。教学质量评估工作带来了教学、科研和服务水平的提升,直接有益于在校大学生。

---

① 曹晶,陈敬良. 我国高校教学评估的价值取向变迁及未来选择 [J]. 黑龙江高教研究,2020 (6):34-38.

(三) 高校教学质量受到国家和高校自身的重视

高校教育规模的扩大，使得高校办学质量受到国家和高校的重视。"高等教育质量建设协同创新中心"于 2014 年 11 月在厦门大学成立，旨在联合各方力量，共同研究高等教育质量提升方法和问题解决措施，使高等教育质量得到整体提升。高校教学质量评估工作的开展，受到高校领导的重视，成为一项重要议题，教学和科研成为高校工作的核心。无论是国家层面还是高校层面都意识到高校教育质量的重要意义，采取针对性强、实践性强的措施提升我国高等教育的整体质量。

三、高校教学质量评估实践过程中存在的问题

(一) 政府控制着高校的发展方向

我国高校教学质量评估的主体并不是高等院校，而是由政府单一主导，高校难以形成自我评估意识。评估形式分为水平评估、合格评估和审核评估，教育部高等教育评估中心是政府组织的评估主体，学校依据评估指标准备好评审材料。政府作为高等教育评估的主导者，控制着学校发展的实际方向。

(二) 单一的评估标准阻碍了高校特色化的发展

高校教学质量评估针对全部高校，几乎使用同一标准，缺乏针对性和差异性，与特色学校的发展建设不匹配。受标准化评估指标的影响，我国高校纷纷向综合性高校方向进行建设，我国多层次、多类型发展的高等院校格局被打破。从评估指标的设定来看，主要围绕师资力量、教学设施、学校管理制度三个方面进行，宏观的一级指标下依然是方向性的二级指标，难以进行明确的定性。评估指标关注的焦点在于教学队伍的建设规模和学校的发展水平，脱离了学生主体本身。

(三) 评估结果没有得到合理使用

教学质量评估工作的出发点在于高校教育的监督和教学质量的提升。而评估结果被划分成合格、优秀、良好和不合格时，高校紧张于结果对学校在政府、社会和学生心目中认可度的影响。政府和社会加大对名次占优高校的关注和支持，学生和家长也倾向于选择排名靠前的高校。在评估结果中得到不合格和排名靠后成绩的高校，将失去许多资助的机会，社会、学生群体也会质疑学校的教学质量。这样使高校教育陷入冰冷的马太效应，即强校愈强，弱校愈

弱，既不利于高校自身建设，也阻碍了教学质量的提升。

四、高校教学质量评估的展望

(一) 变更评估方式，发展综合性评估之路

2003 年以来，以"教学"为特色的高校评估工作大力开展，而在评估指标中，教学的地位并没有凸显出来。目前的评估重形式，以结果为导向，并未真正关注高校的教学质量。高校教学质量评估工作应真正从表面化向"综合性"发展；从"象征性"向"真实性"发展；回归到对高校日常教学和服务质量的关注，走上一条综合、高校的评估之路。首先，制定差异化的评估标准。如"985"院校与地方高校的标准要各有侧重，建设一批"双一流"重点高校，同时地方院校突出发展特色，农林、医学、师范类高校的评估标准要突出特色；其次，加大对教学环节的评估占比，这是回归到高校的根本所在，高校的第一要务在于对学生的培养，应当成为高校教学质量评估工作的重中之重。教学环节评估以课堂、教师和学生为重点，以教学的真正质量和效果为考核指标。对高校教学质量评估工作应是综合的、行之有效的，而并不是将所有的高校都建设成综合性高校，这就违背了评估工作的初衷。

(二) 改变立场，发展自我评估道路

自我评估是提升高校教育质量的根本，评估是一种测试手段，测试教学、科研是否能够促进学生发展和素质提高以及提高的程度。评估就是检验高校教育的平日之功，评估的主体在高校本身，归根结底要挖掘高校自我意识的觉醒，教学质量评估不应该成为政府意志的体现。高校应该从评估工作中寻找问题解决问题，经过几年的积累，形成自我评估机制。高等院校是高校教育评估工作的主体，评估工作应伴随高校的整个发展历程，成为战略决策的重要支撑。学会借助高等教育评估对高校教育质量提升的监督作用，形成长期的终身评估模式。[1]

(三) 回归学生主体，发展基层评估道路

学生质量是高校质量最直接的体现，评估也应从学生入手，学习成果和高校满意度应作为高校评估的一项重要指标。美国的增值评估很值得借鉴，评价高校对学生由入学到毕业全过程的教育效果。满意度调查应将毕业生和校友纳

---

[1] 廖飞. 中国高校教学评估的回顾与展望 [J]. 学园，2017 (26)：1-2.

入考察范围，他们的工作和生活状态，用实践验证高校教育对他们工作能力和生活幸福指数的重要作用。

对高校教学质量评估工作未来之路的探索是一个综合性的展望，应从多视角来考虑评估效果到底会给高校教育带来怎样的影响。评估的主体是否合理，评估的方法和要求是否贴合实际需求、是否符合时代特征，应该怎样发挥评估结果的最大效用。对于仍然处于制度层面设计的我国教学质量评估工作来说，回顾以往走过的路，才能更好地把握未来之路。高等教育是整个国民教育体系的核心，教育评估工作的开展，应使高等教育回归学生主体，应有利于我国多层次、特色化高校体系的进一步发展，有利于"双一流"高校建设战略的实施。

第二节 高校教学质量评估的依据和目的

一、高校教学质量评估的依据

（一）依据国家教育法规和方针政策中的有关规定

社会发展对教学提出的要求集中体现在国家有关的教育法规及方针政策之中，这些教育法规及方针政策是开展教学质量评估的重要依据。《中华人民共和国教师法》（以下简称《教师法》）第一章第三条对教师的职责作了明确的规定：教师是履行教育教学职责的专业人员，承担教书育人、培养社会主义接班人、提高民族素质的使命。对于教师的考核，《教师法》第五章第二十二条规定：学校或者其他教育机构应当对教师的政治思想、业务水平、工作态度和工作成绩进行考核。这些规定反映了国家和社会对教师从事教育教学工作的基本要求，是教师开展教育教学工作时所必须做到的，因而必然也是评估教学质量的基本依据。

（二）依据教育理论和教学工作的特点

（1）复杂性：教学的对象是具有主观能动性的人，而且学生生活在社会之中，来自各个方面的影响和干扰无时不在学生身上发生着作用，这就决定了教学的复杂性。教师在进行教学时，必须善于根据每个学生的不同个性差异和心理特征采取不同的方法，遵循因材施教的原则，使所有学生都得到较好的发展。另一方面教师必须全面了解学生的情况，善于组织利用有利于学生成长的各种积极因素。

（2）创造性：教师在教学中采用何种教学方式把教学内容传授给学生，怎样培养学生优良的思想品德等，无不需要教师进行创造性地思考和实施。这种创造性的劳动要求教师具有开拓创新的意识和能力。在开展教学质量评估时，应充分注意教学的创造性特点。

（3）示范性：教师不仅要通过知识技能的传授武装学生的头脑，而且要通过自身的行动影响学生的思想品德，教师的言谈举止会影响学生，在学生的头脑中留下深刻印象。这就要求教师时时检点自己，事事以身作则。开展教学质量评估，正是为了引导教师自觉地约束自己，不断完善自己，更好地发挥示范作用。

（4）个体性和协作性。教师所从事的教育教学活动，多以个体形式独自进行。开展教学质量评估应高度重视教师劳动的个体性特点。同时，教师的教学又具有集体协作性的特点。学生在接受教育的过程中，要受许多教师的教育和影响，学生获得知识是各有关教师集体协作劳动的结果。在教学质量评估中，既要考察教师个人的成绩，又要提倡团结协作的工作精神。

（5）延时性和滞后性。教师教育教学的效果具有延时性和滞后性特点，这是由人才成长周期长的规律所决定的。人的培养是一个长期的过程，作为培养人才的教师教育教学活动不可能立见成效。因而在教学质量评估中，应突出其教学工作过程的评价，通过考察其教学工作职责的履行和学生整体素质的提高情况来判断教师教育教学工作的效果。

（三）依据实践经验和有关评估的特定要求

实践是认识的基础，人的认识离不开实践，认识从实践中产生，随着实践的发展而发展，并服务于实践，同时又受实践的检验。教学质量评估的内容、指标以及方法的确定，要吸纳那些经过较长时间和较大规模的实验研究，其可靠性和正确性都经过实践检验的经验和成果。

对教学质量的评估，常常也作为诸如学校教学工作评估、专业教学工作评估、课程教学工作评估的一个组成部分而出现。在这种情况下，开展教学质量评估还应充分考虑相关评估的特定要求，并作为依据之一。

二、高校教学质量评估的目的

(一) 推动教学改革深入开展

高等学校的教学应该是动态的,而不能是一成不变的。积极开展教学改革,努力提高教学质量,培养德、智、体各方面全面发展的社会主义建设者和接班人,是当前每一位教育工作者在教育教学改革中需要认真思索的问题。开展教学质量评估,有利于推动教学改革的深入开展,促进教学质量的不断提高。通过教学质量评估,教师可以从不同渠道获取教学的反馈信息,作为改革教学的客观依据,有针对性地采取改革教学的措施,从而能促进教学质量的不断提高。开展教学质量评估的目的,不仅要对教师的教学工作状况做出价值判断,而且要对教学改革提出明确要求,使教学改革沿着正确的方向发展。在评估中,通过教学质量评估体系的建立和实施,还可以引导广大教师树立正确的教学观、质量观和人才观,使教师明确对自己的要求和努力方向,促使教师尽快转变教育教学思想,在教学中更好地发挥主动性和创造性,推动学校的教学改革沿着正确的方向前进。[1]

(二) 调节教师的教学行为

开展教学质量评估,可以为对教师达成教学目标的情况进行深入分析提供可靠的客观依据,从而有利于教学行为的有效调节。在教学过程中,教师借助于评估的反馈信息,可以及时了解教学目标的达成情况,掌握学生对所学知识的理解水平,发现教学中存在的问题与不足,从而调节教学内容,改进教学方法,更新教学手段,在以后的教学中不断提高教学质量。教师只有充分了解自己在教学实践中的薄弱环节及今后的努力方向,才能通过优化教学过程来完成教学任务,实现教学目标。通过开展教学质量评估,还可以使教师在相互之间的听课、评课活动中增进彼此了解,不断提高自己的教学能力和水平,并能激发教师提高教学质量的热情和信心,逐步形成个人的教学特色和教学风格。

(三) 实现教师队伍管理的科学化

开展教学质量评估,根据教学质量评估所提供的客观信息,可以使学校领导及教学管理部门对教师队伍的现状做出客观判断,对其未来发展做出科学规

---

[1] 袁维敏. 高校教学管理工作组织实施与教学质量管理实务全书(第1卷)[M]. 南昌:华夏教育出版社,2006:325-329.

划，有利于提高师资队伍管理与建设的科学化水平。加强教师教学质量评估工作，也有助于进一步完善当前正在实施的教师岗位聘任制，使聘任工作建立在更科学的基础上，做到发挥各类教师的特点，将教师聘任到相应的工作岗位。有利于把学术水平高、教学能力强的教师聘任到教学一线。同时也便于发掘人才，把优秀的青年教师及时聘任到相应的重要教学岗位，充分发挥他们的作用，破除论资排辈的弊端。只有建立科学的教学质量评估制度，也才有可能将极少数对教学工作不负责任或教学水平低下的教师进行解聘、缓聘或调离教师岗位，从而发挥聘任制对学校教学工作的促进作用。

第三节 高校教学质量评估的作用、内容与特征

一、高校教学质量评估的作用

(一) 有效推动了教师教学改革

对广大教师来说，接受新教育观念的速度有快有慢，差异明显，特别是那些旧的教育观念已成为其思维惯性的教师，更新教育观念难度更大。这就需要加大宣传教育的力度，提高广大教工的认识水平。虽然统一教工的认识是重要的，但更重要的是要付诸教学实践。如果只停留在理性认识阶段，而不转化为教学实践，再好的理念也没有什么作用和意义。从理性认识到教学实践，这是一次更重要的飞跃。在新近修订的评教方案中，其评价标准对教师的课堂教学提出了新的更高的要求，目的是进一步拉动教学改革。评估专家在深入课堂听课时，欣喜地发现很多教师正在努力地按照新标准要求自己，尤其是在"三创"能力培养、个性化教育、启发式教学、师生互动、生生互动、双语教学、使用现代化教育技术手段等方面，确实付出了巨大的努力，有了明显的起色，取得了可喜的成果。

当然，还有少数教师至今未能达标，对他们要耐心等待，热情帮助，使他们增强改革创新意识，用新的教育理念指导自己的教学实践，要求所有教师都同步到位，那是不现实的。

(二) 提高了教学整体质量

评教的对象是教师，其主要任务是促进教师教学质量的提高。校评估专家

和院（部）督导员所起的主要作用在于：一是督导检查，即通过听课检查了解教学情况，掌握必要的教学信息；二是鉴定评价，也就是以事实为依据，按照评教标准，对教师教学质量进行评估，并给出必要的结论；三是导向激励，即在肯定教师授课优点的同时，指出其存在的不足，提出整改的方向和措施。在这个过程中，对教学质量较差的教师，难免要进行善意的批评，但应以帮助为主，激励其努力提高教学质量的信心。校评估专家和院（部）督导员所进行的这三方面工作，是相互联系、缺一不可的。没有第一个阶段的"督导检查"，第二个阶段的"鉴定评价"就是无源之水、无本之木。而没有第二个阶段的"鉴定评估"，第三个阶段的"导向激励"就无从谈起。

评教强化了教师教学质量意识、改革意识和创新意识。校评估专家和院（部）督导员经常地随机听课，对广大教师来说，形成了一种无形的压力，由压力转化为积极的动力，从而自觉地加大对教学的投入。同时，由于评教不是暗箱操作，而是将评估指标体系下发到所有教师手中，很多教师都自觉地按照指标体系严格要求自己，规范自己的教学活动。开展评教以来，许多教师在教学上的投入力度加大了，备课更加认真了，教学质量有了明显提高。不少教师克服各种困难，在双语教学和使用多媒体教学手段方面，进行了艰苦的尝试，付出了巨大的劳动。有的教师为了提高教学质量，课前在家里对照镜子试讲，或让家人听课，其情、其景令人感动。十分明显，评教促进了教学质量的提高。

（三）促进了师资队伍的建设

加强师资队伍建设是提高教学质量和人才培养质量的根本保证，尤其是在年轻教师不断增多的情况下，加强师资队伍建设就显得更加重要和迫切。师资队伍建设的目的是全面提高教师的综合素质。当然，教师队伍素质的提高有多种途径，如办培训班、引进人才、外出进修等，但评教对促进师资队伍建设所起的作用确实不可低估。

一是促进了师资队伍教育观念的更新，因为在评教标准中体现了新的教育理念，如果教师的教育观念不更新，墨守成规，那就不可能达到评教标准的要求。

二是促进了教师业务素质的提高，因为教师要达到评教标准，教学内容就要有深度与广度，要保持教学内容的先进性、前沿性、严密的逻辑性和语言表达的生动性等，教师不努力提高自身的业务素质，是难以达标的。

三是促进了教师"三创"意识和能力的提高。由于评教标准要求运用多种方法，进行生动活泼的启发式教学，运用现代化教学手段，使教学更具直观性、形象性、趣味性，如果教师不发挥主观能动性，是难以达到上述要求的。

四是促进了师资队伍师德师风建设，从而带动了学风与校风建设。师资队伍、师德师风对学生起着潜移默化的作用。学生和教师是学校的主体，良好的学风与教风，必然形成良好的校风，进而提升学校的形象和品位。

五是加强了师资队伍建设的宏观调控。因为评教过程中获得的与其有关的大量信息，有利于学校对师资队伍建设从宏观上做出正确的决策，制定必要的计划，采取切实可行的措施。师资队伍建设是学校的全局性工作，需要方方面面的协调配合，需要所有院（部）与职能部门共同努力，营造师资队伍建设的良好环境，如果没有学校的宏观调控是难以做到的。由于加强了宏观调控，采取了各种有力措施，师资队伍建设取得了显著进展，不仅扩充了数量，而且质量也有所提高。目前我校已形成了一支富有生机和活力的高水平、高素质的师资队伍。[①]

二、高校教学质量评估的内容

（一）对教学过程的评估

1. 对教学进度计划进行评估

教学进度计划是按照该课程的教学大纲或已确定的教学内容及教学要求编制的教学实施计划，对于完成教学内容、保证教学要求、实现教学目标、提高教学质量等，发挥着十分重要的作用。对教学进度计划的评估应分两步来进行。首先是对计划制定的评估。要在每学期初期看是否符合该门课程的教学大纲或已确定的教学内容及要求明确教学目标和教学重点；是否选择了有效的教学措施和方法。其次是对计划实施的评估。对计划实施的评估在每学期期中、期末进行，重点检查评估教学进度计划的执行进度、实验完成率、教学任务完成等情况。[②]

2. 对教案进行评估

教案是依据教学进度计划进行的教学准备，是对教什么和怎么教的一种策划和方案。评估教案应从以下内容着手：一是教学目标是否明确和适当，即制定的教学目标是否清楚地表明学生所要达到的学习结果；二是教学重点是否突出，即达到教学目标所要求的重点教学内容是否明确；三是具体教学过程组织，包括具体的内容、过程、时间分配、教具图表的使用，例题的讲解和习题

[①] 教育部高等教育评估中心. 高等学校教学工作评估与教学成果评审实用手册（第2卷）[M]. 北京：中国教育出版社，2005：584-586.

[②] 赵文辉. 高校教学质量保障问题研究[M] 北京：中国人民公安大学出版社，2009：215-219.

的演练是否合理。

3. 对授课进行评估

在授课环节的评估中，应由评教小组采取学期内随堂抽听的方式进行。具体要从以下七个方面开展评估：一是教学目标要求，看目标的确定是否明确、适当，学生要学会哪些知识，培养哪些能力；二是教学内容安排，看教学内容是否正确、详略安排是否恰当；三是教学过程组织，看教学阶段的安排是否合理，教学思想、层次、条理是否清楚，课堂节奏能否掌握自如；四是教学方法采用，看教师所选择的教学方法是否符合学生特点，是否能够维持学生的注意力，是否理论联系实际；五是教态，看教师的手势、表情等各方面是否运用得当；六是教学基本功，这主要是指教学语言和板书技能；七是课堂管理及教学效果，看教师是否把德育教育有机地融于教学之中，同时保持良好的课堂纪律，使学生们注意力集中，从而产生较好的教学效果。

4. 对作业布置与批改情况进行评估

作业环节是教学工作的一个有机组成部分，是课堂教学的延续，是对教学内容的巩固和应用。作业布置与批改的评估主要看其是否突出教学重点、难易程度是否恰当，批改是否及时、认真，并搞好讲评和个别指导。在作业布置与批改评估环节中，应通过教研组定期或不定期地检查、学生评教、评课组听课等多种形式评估作业布置与批改情况，并注意教学进度计划、教案与课堂教学作业布置是否一致。

5. 对自习辅导进行评估

自习辅导是课堂教学的补充形式，包括答疑、拾遗补阙、个别指导等，良好的自习辅导对于提高教学质量具有积极的促进作用。自习辅导的评估主要是看教师是否迟到、早退，是否进行课堂管理，维持自习纪律，是否进行答疑、个别指导等。

(二) 对教学效果的评估

教学效果评估包括对学生学期课程成绩的评估和学生评教两个方面。

1. 对学生学期课程成绩的评估

学生学期课程成绩的真实性和可信度，取决于是否实行教考分离，教考分离的实现以一批有课程考试的试题库为前提。在一批有课程考试的试题库的前提下，运用考试软件，由计算机根据出卷要求自动生成各科试卷，避免在知识覆盖面、题量、题型、难易程度上出现问题。在教考分离后，学生学期成绩的评估，可以按学生班级学期课程成绩的及格率、优秀率和平均分与教学目标值相比较来进行。

2. 对学生进行评教

学生评估教学质量如何，不能只通过学生的考试成绩来检查，而更应该重视深入调查教与学两个方面的情况。及时收集教学信息，正确把握教学中存在的问题，从而加强教学管理。学生评教由定性评教（座谈会）和定量评教（评分）相结合，每学期由教务科组织两次。学生从教师的知识水平、教学内容及重点、教学态度、教学方法、作业量、作业批改、课堂管理、教学效果等方面提出意见和定档评分。在定量评教中，要防止学生出现以下两种情况：第一，抱着无所谓的态度或怕受到批评给所有教师打高分；第二，曾受过教师批评而记恨，从而给老师打低分。为此，在学生评教中，一是要选取好评教的学生，二是要向学生讲清楚评教的重要意义，使参加评教的学生真正认识到评教的目的是促使教师改进教学、提高教学质量，真正受益者是学生，同时也是对任课教师的客观评价。

（三）对学校管理工作的评估

高校的教学质量评估是一个复杂的管理活动。首先，校长的首要管理工作应当在体现教学上。校长应深入课堂，每个星期至少教两节课，听两节课，每个月至少要和教师们商量讨论一节公开课，并且亲自编写一个科目的教学状况分析报告。让校长从很少听课到经常听课，让校长在教学管理有发言权。其次，建立一支有经验，教学能力凸出的评估队伍，并制定他们的职责，实行该有的工作制度。最后要有一个激励机制和约束机制来开展教学工作，这样能够让教师们更加热爱教学。[①]

三、高校教学质量评估的特征

（一）针对性特征

在制订教学质量评估时，学校就要朝着一定的目标去制订，以便后续的管理。而且在评估结束后，评估质量低的一些教师可以对照现有的教学质量评估的方案进行一定的修改，并制订出相应的解决措施，为以后提高教学质量做好充分的准备工作。

（二）功利性特征

制订出一定的教学质量评估体系后，各个岗位上的教师可能会出现一定的

[①] 孙蕊. 学校管理工作评价初探 [J]. 学周刊（下旬），2015（3）：129.

攀比心理。对于这种现象的出现，教师在这方面要理性看待，不能因为评估的因素，而影响教师之间的和睦关系。同时，对于教学质量的评估，教师要注重教学质量的本身，不能盲目去更改或者在完成任务的时候走捷径，这会让教学质量不能够得到真正意义上的提高。

（三）时效性特征

教师在有一定评估目标的基础上进行任务的完成是有时效性的。对于一些没有教学质量评估目标的高校来说，部分教师在教学过程中可能会出现迷茫的情况，或者在前期浪费大量的时间，在后期用较少的时间去完成任务，这就会使教学质量出现滞后的情况。如果学校有一个完整的教学质量评估的体系，教师就会按部就班、有条不紊地进行工作，这样更能提高教师工作的时效性。[1]

（四）指向性特征

完整的教学质量评估体系对教师开展工作就会有完整的指向性，一定程度上可以提高教师工作的效率，让教师的教学工作顺利进行。

（五）全面性特征

教学质量评估无论对于学生的学习还是教师的工作来说，都会在一定程度上顾及各个方面，能够遵循"以学生为本"的发展理念，让学生在教学质量评估的作用下得到全面的发展。

第四节　高校教学质量评估的方法与策略

一、高校教学质量评估的方法

（一）考试测验评估法

学生作为课堂教学的主要参与者，既是课堂教学质量评估的客体，也是课堂教学质量评估的主体，学生的参与度、互动度、探究能力等影响着课堂教学的质量，学生在课堂教学中的表现以及学生对课堂教学内容的掌握程度体现着

---

[1] 高杨. 关于高校教学质量评估的思考［J］. 新课程研究，2021（36）：7-9.

课堂教学的质量。

对学生知识掌握程度的测评主要表现为教师布置作业或者出考卷上。在每学期中和学期末，教师通过考试、论文、报告、设计等形式对学生的知识掌握程度进行评估，评估结果以分数的方式体现，教师通过对这些数据进行分析总结课堂教学的效果。

（二）定性互评的方法

对学生在课堂教学中的学习方式、学习能力、学习水平等指标进行他评和自评。例如，在每节课结束时或者课后让学生进行自我评估和同学互评，对学生在课堂中的听课质量、参与讨论发言的水平、与教师的互动程度、自主探究能力和总结表达能力等进行评估，最后综合考虑教师自身的意见，将学生的学习状况按照能力层次划分为不同等级，最后计算统计三个等级的分配比例，总结课堂教学的质量。

（三）问卷调查评估法

教师是整个课堂教学的策划者，教师的教学方式、内容、态度等直接影响着课堂教学的质量。教师要以师德为先、教学为要、科研为基、发展为本为基本要求，坚持社会主义办学方向，坚持德才兼备，注重凭能力、实绩和贡献评价教师，克服唯学历、唯职称、唯论文等倾向，切实提高师德水平和业务能力，努力建设有理想信念、有道德情操、有扎实学识、有仁爱之心的党和人民满意的高素质专业化教师队伍。对教师的评价内容重心在德，其次在才，通过问卷调查法了解学生对教师在各个方面的评估结果。[1]

高校的学生基数大，一般在各学院、各年级、各专业先抽取样本然后发放学校自拟的调查问卷或者量化表，由负责人现场讲解问卷填写的意义与要求，着重向到场的学生说明评估与其自身利益的关系，使学生深刻领会评估工作的现实意义，再由学生对授课的教师进行评估，最后管理部门统一计算分析结果，根据测评数据总结该授课教师的课堂教学质量。

（四）课堂观察评估法

学校领导及同行组成的教学督导组通过课堂观察的方法对教师的教学过程进行观察、总结、分析和探讨，评估课堂教学质量，促进教师发展。

---

[1] 沈志荣. 高校课堂教学质量评估的困境与出路[J]. 滁州学院学报，2017，19（4）：105-108，113.

教学督导组随机参与到一位教师的课堂中,在课堂上观察任课教师的教学方法、教学热情以及学生的表现,做好听课记录并填写评估表,让不同成员对该教师的课堂教学质量划分等级,最后统计所有人的评估结果,去除最高分和最低分得出平均值给教师做出公正的评估。

(五)开展研讨会的方法

高校在每学期的中间段,通常会根据年级、专业的不同分别召开学生代表研讨会,要求学生从教学方式、教学内容、教学态度、教学语言、教学效果、教学情境等方面进行发言。例如,评估教师对待教学的热情与对学生的热爱、教学材料的选取是否与时俱进,教学语言是否幽默风趣,教学方式是否多元,教学情境是否生动实际,教学效果是否良好等,提出授课教师的优点以及不足,由工作人员做好记录,最后管理部门根据这些评语评估教师的课堂教学质量。

此外,教学督导组在课堂观察之后对任课教师的课堂教学质量进行评估,在此基础上举办研讨。督导组的成员与任课教师一起开展研讨会,互相交流在课堂教学中发现的问题以及优势之处,提出应对的策略或者改善的方案,通过教师之间的互相督促与竞争,促进教师的专业发展,提升教学质量。

(六)网络评估方法

为了顺应时代的要求,充分运用现代信息网络资源,在每学期期末的时候,高校会通过学校的网络系统要求学生在网上对本学期的授课教师进行简单的满意度调查或者让学生对课堂教学的形式、方法、内容填写评语。通过网络系统这一便捷的形式,高校可以有效地将这些数据录入系统,作为评估教师教学质量的依据。

二、高校教学质量评估体系提升的策略

(一)树立正确的评估理念

要想充分发挥课堂教学质量评估对科学育人的导向作用,必须树立正确的评估观念。按照培养有理想、有追求、有担当、有作为、有品质、有修养大学生的目标要求,实施教学质量国家标准,规范专业领域人才培养基本要求,鼓励行业部门(协会)制定人才评价标准,推动高校制定各专业人才培养标准和评价办法。

高校课堂教学质量评估的目的在于以提升课堂教学质量来培养新时代的优

秀人才，促进教育现代化。目前，某些高校的领导和教师的眼光十分短浅，将评估的重心转移到评估结果与奖惩机制的关联上，这种功利性的评估观念严重影响了高校课堂教学质量评估工作，给评估带来了负面的影响。

因此，要想使得高校课堂教学质量评估工作更加规范化、系统化、科学化，必须引导测评者与被测评者树立正确的评估观念。一方面引导学生正确对待测评，给测评工作提出诚恳的真实的建议；另一方面督促教师全心投入测评工作，通过测评反馈来提升教学质量和教学水平。高校管理者通过评估暴露的问题来调整教学工作，提高办学要求，深化教育教学改革，努力将学校打造成有特色、高水平的高校。

（二）制定完善的教学质量评估体系

教学质量评估体系对于一个学校来说是命脉一般的体现。没有完善的教学质量评估体系，就会使学校在整个评估过程中如"无源之水、无本之木"一般。制订出完善的评估体系可以使教师在工作中更有目标，在教学时时效性更强。

首先，高校可以从学生的德智体美劳全方位出发对学生进行评估，进而从学生的表现中对教师的教学工作进行评估。这样学生通过完成这些硬性指标的比例，对教师进行教学质量的评估。学生若是在过程和结果上表现得都很好，学校则可以对教师的教学质量的评估打一个较高的分数。反之，若学生对指标的完成不够理想，或者在过程和结果的任意一个环节做得不够好，学校可以适当降低教师在教学质量评估中的分数。若是学生在过程和结果两个方面都表现得不是很到位，学校可以适当给教师的教学指令评估打一个较低的分数。

其次，教师在讲授课程时，除了要注重教学质量外，还需要将精力放在科研工作上，不断提高科研成果的质量，避免出现学术不端的现象。这能为学生提供更多新方向的同时，也能为学校、为个人赢得更好的声誉。

（三）重视民主评估的作用

在教学质量评估的过程中，很多高校将调查问卷、校园访问的形式融入教学质量评估的过程中。部分高校的教学质量评估方式过于死板，一定程度上打击了教师的工作积极性，严重的还会造成人才流失。长久以往，学校在外的名声以及形象会大打折扣，不利于学校的长期发展。

在民主评估的过程中，学校相关部门的领导也可以适时对教师进行课堂观察，避免出现教师因要取得较高的教学质量评估而出现讨好学生或者对学生进行暗示之类的情况，以确保评估结果的准确性和有效性。

(四) 定期举办教师教学技能大比拼

对于目前很多高校来说，书本上的知识已经远远不能满足学生的学习需求。甚至对于一些专业来说，学生要积极进行实践的练习，才能尽可能地学到更多的技能。教师可以让学生更好地将书本上的理论与实际相结合，保障教学的有效性。这无疑是一个考验教师教学技能的好办法。教师的大部分时间都忙于授课和科研上，对于教学技能的探讨和研究没有一个固定的时间，很多好的教学技能不能随时进行交流，也是教师教学质量下降的原因之一。

这就需要学校有关部门以教师教学技能大比拼的形式，让教师在这个时间段内进行展示。在展示的过程中，其他教师可以将正在展示的教师的教学技能与自己的教学方法相结合，对比自己的不足之处。其他教师也可以观看展示的教师的技能中存在的缺陷，比赛完后由不参赛的教师和学生共同选出相对较好的教学技能以及最受学生欢迎的教学技能，并对他们给予一定的认可与鼓励，提高获奖教师的自信心。

(五) 利用末位淘汰制提高教师工作积极性

末位淘汰制，顾名思义，是对最后一名进行淘汰的制度。虽然这种方式对于教师岗位来说运用的不是很多，但这也在一定程度上暴露出来了一些问题。如果不对末位进行淘汰的话，对处在后面的教师没有一定的警醒作用，处在排名靠前的教师没有压力感和紧迫感。要让教师时刻处于一种比较积极的状态，而不是让其没有动力。这也是教学质量评估不能提高的原因之一。

在实行末位淘汰制的时候，学校的做法不是直接将自己学校的教师开除，一个教师存在的价值不仅仅是在教育岗位上，学校可以为处于最后面的教师安排一些其他岗位的工作，让其在别的部门发挥出自己的才能。有时候这种方式对于学校来说，也是非常"惊喜"的一种做法。对处于末位的教师，学校也可以让其参加培训去提升自己的能力并继续在教育教学岗位上发挥作用。对于这部分教师来说，学校也可以使用一定的处罚机制来提高他们工作的积极性。

(六) 学校组织教师进一步学习，提升自我

高校教师都要树立"终身学习"的理念，要第一时间接触新的知识，及时为自己补充能量。高校可以加大教师培训力度，鼓励教师学习新知识，掌握新的教学方法。

学校组织教师学习的方式有很多种，比如让教师去进修。很多学校都非常支持教师通过进修的方式提升自己，尤其对于一些比较年轻、收入还不高的教

师来说，校方一定程度上为教师减轻了经济方面的压力，让他们可以在进修的过程中安心好好学习。这种做法一方面体现了校方的人性化管理，可以更好地为学校注入新的知识力量；另一方面也体现出了学校对"终身学习"的重视。

其次，学校也可以组织教师去更好的学校参观学习，去听其他学校教师的授课，学习他们的教学方式和管理理念。在学习期间，教师可以以笔记、录音、视频的方式进行记录，在学习完后，教师将笔记整理好，并进行一定的分享和讨论。一方面，这种分享和讨论的形式是教师对自己笔记的完善和补充；另一方面，教师之间的讨论和研究可以让其探讨出更新颖、更适合本校学生的方法，从而使教师在授课的过程中效果更好，还能使教师的教学素养评估取得更理想的成绩。

最后，学校也可以跟其他学校进行合作。在合作的过程中，学校可以聘请其他学校的名师来学校为大家做教学展示和培训。在培训的过程中，教师又一次接触到新的方法和理念，不至于使本校的教师因故步自封而落后于其他的院校。

这些方式只是教师提高教学质量的一小部分，在真正的教学过程中，教师还需要结合实际情况做出相应的调整，制订出适合学校发展的规划，通过学校提供的各种平台，努力提升自己各个方面的能力。

提高教学质量是每个学校以及每位教师的职责，学校通过制订一系列的规则，对教师的工作进行一定的引导；教师不断提升其自身的实力，提高教学的质量；学生则需要积极配合学校和教师的要求，使自己在求学的过程中更加充实。这样，学校才能不负社会的期望，教师才能不负学校的培养，学生才能不负教师的苦心栽培。三方积极努力配合，不断为社会输出更多有用的人才。

（七）建设灵活的评估程序

随着高校的规模和学生的招收不断扩大，高校的层级性越来越明显，课堂教学管理的重心已基本转移到各院系。因此，各院系应该在学校搭建评估系统基础上，构建灵活的评估程序，以应对学院教师和学生的差异性，保证课堂教学质量评估的效果。

首先，各院系应该组建课堂教学质量评估的评估小组。课堂教学质量评估小组的成员应该包括学生、教师和校领导，首先从各年级、各专业的学生中选择学习优秀、认真的学生代表；其次对各系有权威的教师或者有着丰富的教学经验但已退休的教师发出聘请；最后由教务的负责教师等一起组成课堂教学质量评估小组，共同展开高校的课堂教学质量评估。

其次，各院系应该根据学校的评估原则和要求制定适合各专业的评估表、选择适应学院的评估方式。各院系可以提前将评估方案进行宣传，潜移默化地使学生了解评估的程序与方法，重视评估的意义，有利于后续评估工作的展开。与此同时，也应该建立相应的奖惩机制，激励教师重视课堂教学工作，使得评估工作不仅仅是针对评估后的进步，也有评估工作前的激励推动作用。提前宣传普及评估的方式从另一方面也是为了广纳民意，可以在广大师生中征求意见，丰富、优化评估的方式。

第三，各院系应该确定课堂教学质量评估的主体和客体。高校课堂教学质量评估的对象是学生和教师的双向评估，但仅仅是针对在校师生，也可以将评估的客体扩大到毕业生，毕业生的就业和生活质量很大程度体现着其授课教师的课堂教学质量，可以通过网络电子评估系统收集毕业生对其在校期间授课教师的优点与不足进行评估，保障评估的有效性。

最后，各院系开展评估工作的过程应该灵活化和真实化。学生、教师和督导组的评估很大程度上存在着主观的偏差，所以在评估过程中应该综合考虑三者的意见，按比例取平均值，保证评估的真实性；由于各专业教师和学生的差异性，所以评估工作的过程要注意因时制宜、因人取材，注意过程的灵活化。由此对评估人员的培训是极其必要的，对评估主体的评估观念、评估方法、评估指标等应该进行教育，让评估主体以主人翁的意识参与评估工作，严肃、认真对课堂教学质量进行评估。

（八）制定完整的反馈体系

高校课堂教学质量的评估是一项长期、难度大、投入大的工作，其目的是促进教师的专业发展、提升课堂教学的质量、推动学生的发展，因此课堂教学质量评估的结果应该得到反馈与追踪。

我们应该将课堂教学质量的评估结果反馈给学生。学生对评估结果的认识有利于促进其对自身的正确认识，认识到自身的不足，在下学期的课程中更加努力学习，推动自身的发展；同时学生作为评估的主体，在得到评估结果的反馈信息后，有利于学生体验到自身参与工作的成果，激发学生的热情，促使学生重视评估工作，便于实现下一次的评估。

我们更应该将课堂教学质量的评估结果反馈给教师。教师作为课堂教学质量评估的主要对象，评估结果及时有效地反馈有利于教师对自身不足的认识，改进教学方法、提高教学质量。评估小组应该在每次评估工作结束后举办教师研讨会，将评估结果反馈给教师，肯定教师的优点，同时指出其不足并且帮助分析原因，通过教师之间的经验交流促进教师的发展。

此外，还应该开展定期或随机的追踪评估活动。评估小组根据评估结果定期开展模范课堂、优秀教案评比等活动,帮助教师之间互相学习,弥补缺陷;评估小组还应该随机地对之前表现较差的教师进行追踪记录,不定期地深入该教师的课堂教学、随机地询问其学生对教师的看法,观察该教师是否重视评估结果,做出相应的改进、提升教学质量。

高校课堂教学质量评估是一项系统工程,也是一项科学管理工作。虽然我国对高校课堂教学质量评估工作十分重视,但是实践中存在的问题与不足并不少。只有在评估实践中不断摸索、不断前进,才能充分发挥评估工作在提高高校课堂教学质量方面的作用。

第八章　高校教学质量保障的手段
——高校教学质量监控

教学是学校培养人才的基本途径，作为动态过程而展开的各项教学活动，则是学生在教师引导下，系统学习各学科基础知识和基本技能，确立科学的世界观与道德品质，提高学生全面素质的过程。因此对高校教学过程实施监控，确保教学过程各环节的有效运转，真正做到按教学自身发展的规律组织教学，运用科学的方法管理教学，同时注意调动师生在教与学当中的积极性、创造性，实现教学管理科学化、民主化，非常重要。

第一节　教学质量监控概述

一、教学质量监控

从系统科学的基本原理来解释，监控是"人们按照某种目的或愿望，通过一定的手段，给系统提供一定的条件，使其沿着可能的空间中某个确定的方向发展，消除不确定性"，换言之，监控是"施控主体对受控客体的一种能动的作用，这种作用能够使受控客体根据施控主体的预定目标而行动，并最终达成这一目标"[1]这一定义明确指出，监控目标、内容、实施手段以及效果的达成等是监控活动的实施必须关注的几个重要因素。

在当前的教育理论和实践研究中，对教学质量监控内涵的理解，主要的观点大致有以下几种：第一，教学质量监控就是有目的地对教学质量系统进行评

---

[1] 谭忠真，尹洁，谭和平. 教学质量即时监控与教学互动的系统建构［J］. 教育评论，2007（5）：57.

价、监督和施加作用，使教学质量达到预期的目的。教学质量监控体系主要由教学质量和监控两部分组成。其中，教学质量由教师教学质量、学生学习质量以及教与学质量形成的课程质量、学科专业质量与学校整体教学质量等组成；监控部分则由评价、反馈、纠偏与激励等组成。第二，教学质量监控是对诸如师资力量、学生素质、教学设施的水准以及教学管理工作的水平进行监控，及时检测，以便学校领导和教学管理部门及时调整工作，纠正偏差，协调关系，促进各方面充分发挥潜能，确保人才培养的质量达到预期目标。第三，教学质量监控是一种管理工作过程，它以从专业培养目标引申出来的教学质量目标为标准，检查、衡量、判定并纠正教育管理与教学实施过程中与教学质量目标的偏差，以确保实现教学质量目标的有效性。第四，教学质量监控，是指根据预定的标准，对教学过程进行监测和调控，确保教学过程的各个阶段以及最终结果（即学生成长水平）都能达到预期的目标，并向好的方向发展，使顾客的需要得到满足。

综上所述，教学质量监控，是指根据预定的标准，采用一定的方式方法和手段，对教学准备、教学过程、教学结果等各个环节进行监测和调控，以确保教学质量达到预期目标，提高教学有效性的实践活动或行为。教学质量监控体系包括目标的制定，各主要教学环节质量标准的建立，教学质量信息的收集、整理与分析（统计与测量）、评估、信息反馈、调控等环节。教学质量监控作为学校教学管理的一个重要方面，其功能在于及时、准确地接收和利用各种反馈信息，及时了解和分析教学管理工作中出现的偏离预定目标和要求的情况，并采取相应措施予以纠正。根据实施监控的主体和范围的不同，教学质量监控可分为外部监控和内部监控两种类型。教学质量外部监控，主要是指学校以外的机构或部门（教育行政部门、社会团体等）对学校总体教学质量的监督与评估的实践活动或管理行为。教学质量内部监控，则是指学校行政、教务部门以及教师对教学的全过程进行质量监督与控制的实践活动或管理行为。

二、教学质量监控体系

教学是教与学互动，是具有主观意识的施教者与受教者相互作用的过程。学校教学质量既包括教的质量，又包括学的质量，而这两方面的质量最终将集中体现在学校"产品"——毕业生满足社会以及自身需要的程度上。学校产品质量取决于教师教的水平、学校管理水平以及学生自身的基础、个性和努力程度。根据之前对"质量""教学质量""标准"的分析，衡量高等学校教学质量的标准可以分为以下两个层面：一是顾客满意度。学校的顾客是一个庞大的群体，即用人单位、学生家长、学生。由此，衡量高等学校的教学质量标准就是其培养的人才满足社会、市场需求以及学生发展需求的程度；二是高等学校培养的学生最终达到学校规定的要求的标准。实际上，这两个定义联系紧密，毕业生达到学校规定的要求为其满足社会和自身需求奠定了基础，后者的实现证明了前者的可信度与有效率。

由此可知，教学质量监控体系的构建，是以保障和不断提升教学质量为目的的。它是通过对教学各环节的质量标准执行过程的持续监督，定期收集教学过程和教学效果方面的信息，及时地向教学管理者、教师和学生进行反馈，管理者、教师、学生通过反馈的信息分析和发现教与学中存在的问题，并采取措施改进教学。构建教学质量监控体系，必须抓住以下几个重要环节：一是建立教学活动各环节的质量标准，对教学质量实施目标监控；二是建立教学质量监控的组织机构（包括领导监控、专家监控、教师和学生监控，以及职能部门监控等机构）；三是建设和制定一套完整、科学、严密的教学质量管理规章制度；四是建立教学质量信息的收集、整理与反馈体系；五是建立教学质量保障与激励机制。

三、教学质量监控体系的内容

高校需要构建的教学质量监控体系是一个完整的系统，必须以先进的、科学的教学质量管理理论为指导，必须采用具有整体性、全面性、结构层次性、相关性、动态平衡性、综合性以及分析统一性等特点的系统分析方法，将高等学校教学质量监控体系的构成要素加以整体分析综合，建构一个封闭而畅通的回路，保证教学质量监控的有效实施，促进教学质量的逐步提升。因此，高校教学质量监控体系必须遵循教育教学规律，借鉴先进的质量管理思想，突出高等学校的特色；以学校自身的监控活动为主，外界监控为辅；以制度化、规范化的监控为主，临时性监控为辅；构建全方位、立体式、动态的教学质量监控体系。这一监控体系是以教学信息监控为纽带，以常规管理监控、教学督导监控、评价激励监控为手段，以教学目标监控、教学过程监控、教学结果监控为核心的完整闭合的高等学校教学质量监控体系[1]。力图使教学质量监控贯穿于"招生——培养——毕业"这一学生从输入到输出的全过程，使学校所有与本科教学相关的工作始终置于教学质量监控体系的有效监控和管理之下。

具体来讲，教学质量监控过程的实施主要应考虑教学质量监控的客体、教学质量监控的主体、教学质量监控的方法和教学质量监控的指标及评价体系四

---

[1] 佛山科学技术学院教务处. 高等学校教学改革与探索：佛山科学技术学院教学研究论文集[M]. 广州：华南理工大学出版社，2006：422.

个方面的内容。

(一) 教学质量监控的客体

教学质量监控的客体，即监控对象，是教学过程的完成者和实现培养目标的参与者。从这一层面上来讲，教学质量监控客体，包括决定教学质量影响教学质量的所有因素，即教学过程所涉及的所有硬件环境与软件要素。具体地讲应包括以下几个方面：学校的办学定位与培养目标（年龄结构、学历结构、职称结构、教风建设、师资队伍建设等）；教学文档（教学计划、教学大纲、教学教案等）；教学设施（图书资料、教学仪器与设备、教学用房等）；教材建设；课程建设；课堂教学；学科建设；专业建设；实验教学；实习与设计；学生成绩考核（试卷分析、成绩分析）；学生毕业论文；学风建设（学习兴趣、动机、学风、学生科研创新）；教学管理（院、系教研室管理制度）；社会对专业人才的需求及对毕业生的评价等。在办学定位与培养目标确立教学硬件一定的条件下，教师队伍、教学文档、教材建设、课程建设、课堂教学、学科建设、专业建设、实验教学、实习与设计、学生成绩考核、学生毕业论文，以及学风建设、教学管理等将成为主要因素，其中课堂教学是最基础的因素。

(二) 教学质量监控的主体

教学质量监控的主体就是教学质量监控的实施者和组织者。外部监控与评价的主体应是国家与上级教学主管部门及社会对人才的需求；内部教学质量监控与评价的主体应包括学校、院、系（或教研室、专业负责人、课程负责人等）教学管理机构；教师；教学督导、学生等。对不同层次的监控对象，应确立相应的监控主体，构建相关的监控机制与机构，并且根据管理的职能，在不同层面上实施质量监控。

(三) 教学质量监控的方法

教学质量监控的方法，主要包括以下几个方面。

1. 教学信息监控——通过日常教学秩序检查，期初、期中和期末教学检查，以及教学信息反馈和学生信息反馈等常规教学信息收集渠道，及时了解和掌握教学动态，实行实时、实地、教学环节及全过程的监控。

2. 教学督导监控——对所有教学活动各个教学环节各种教学管理制度、教学改革方案等进行经常性的定时或随机督导和反馈。

3. 专项评估监控——通过专业评估、教学条件评估、学科建设评估、优秀课程评估、教材评估、实验评估、试卷评估等，借助目标监控过程，实施评估诊断，促进质量的提高。

4. 教学制度监控——建立各种教学管理制度、管理机制对教学质量进行监控。确立制度监控，使教学质量监控成为全体教师的自觉行为。

5. 利用网络技术监控——建立教学质量监控信箱等，使学生与领导，学生与教师，学生、教师与教学主管部门形成畅通的信息交流渠道，对教师、学生反映出来的教学问题能够及时处理。

（四）教学质量监控的指标及评价体系

要有效地监控各教学环节的教学质量，就要制定相应的监控指标与评价体系。依据不同的标准，如课程教学质量标准、专业评估标准各类教学环节质量标准、优秀课程标准、课堂教学质量标准、毕业设计（论文）标准、优秀教材标准等，确定相应的评价指标体系，定期对各个教学环节进行质量监控与评价。制定和确定标准时应注意评价标准要反映评价内容及其评价目标。此外，在多科评价中则应该采用数理统计的方法以提高评价的可信度和可比性。

因此，从操作的层面上来讲，高等学校教学质量监控体系是一个由监控客体、监控主体、评价方法与标准组成的，以教学信息为纽带的高校教学质量监控体系。

第二节 高校教学质量监控的要素、目标与原则

一、高校教学质量监控的要素

高校的教学质量监控体系作为一个多维动态系统，其要素是指与教学质量有因果关系，在教学质量管理过程中，能产生计划、组织、指挥、协调和控制等职能作用的动态因素。这些要素从不同的角度可以有不同的分类。例如，从教学质量监控的过程划分，可以分为教学目标的质量管理、实施过程的质量管理、监测与反馈过程的质量管理、调节过程的质量管理。从教学质量监控的主体划分，可以分为教学行政主体、教学督导主体、教师主体、学生主体和社会监控主体等。从教学质量监控的对象及职能划分，可以分为教学工作要素监控（包括培养目标、教学计划、师资队伍、教学改革与教学研究等）；各教学环节监控（包括课堂教学、作业、辅导、考核、实验、实习、毕业论文）等。综合上述基于不同价值取向的分析，构建全面的、全方位的、全员参与的、动

态的高等学校教学质量监控体系,其基本要素可概括为监控者、被监控者、监控活动和监控目标四大基本要素。

(一) 监控者要素

监控者,是指在高校中实施教学质量监控管理的有关机构和人员。它主要由校、院、系(或教研室、专业负责人、课程负责人等)和学生四个层次构成。

第一层次是学校教学质量监控与管理机构及人员。其具体包括校教学工作委员会、主管校长、校教学督导委员会以及教务处等相关机构和人员。校教学工作委员会是学校负责全校教学工作的领导机构,在校长的领导下开展工作,对学校教学改革、教学建设及教学管理工作中重要问题的决策进行审议、监督和实施。校教学工作委员会由校行政领导、相关职能部门负责人、教学单位主管教学负责人及专职教师代表组成。校级教学质量监控者在整个学校教学质量监控中起主导作用。其中,教务处的作用尤为突出,其职责是在校长领导下,对学校教学工作进行组织和调度,代表学校行使全校的教学质量管理责任,主要负责制定教学质量管理方案,抓好教学的组织安排及教学运行中的质量调控,开展经常性的质量调研,组织开展教学质量检测评估,组织教学工作的计划、总结、交流,建立健全教学质量监控工作制度,代表学校对各学院、各专业教学工作进行质量管理,并指导学院和基层的教学质量监控和管理工作。校教学督导委员会是学校教学工作的检查督导和咨询参谋机构,在校长的领导下,其负责对学校的教学工作进行监督、检查、评估、审议、指导,多渠道快速反馈教学工作信息,强化学校教学管理工作的调控职能,保证有关教学管理规章制度的贯彻执行。

第二层次是学院教学质量监控管理机构及人员。其具体包括学院党政负责人、教学副院长、院教学督导小组、院教务办公室主任、教学秘书等。学院质量监控者的主要职责是依据学校办学指导思想和教学质量管理规定,对所属专业的培养方案、各个教学环节的安排、教学检查等进行统一领导和管理,组织实施各项教学活动,开展教学质量研究及教学质量检测,总结交流经验,集中精力进行教学基础建设,并指导各专业负责人和课程负责人对课程和教师的教学质量进行管理,对学生的学习活动实行有效管理。

第三层次是系(或教研室、专业负责人、课程负责人等)的教学质量监控管理。该层次是教学质量监控的基础,其主要职责是根据校、院两级教学质量管理的目标和教学计划要求,对所属课程的各个教学环节进行组织管理,包括编写教材和讲义,审批教案,组织教师业务学习,开展教研活动,进行教学改革,交流教学经验,检查授课质量,反馈教学质量信息,督促检查执行教学规章制度，对学生的学习活动进行辅导及管理。

第四层次是学生。学生是监控者要素中不可或缺的重要组成部分。长期以来，受到传统教学活动组织实施方式的影响，在传统的教学质量监控体系中，学生仅作为被监控者要素而存在，其监控者职能受到了严重的忽视。基于全面质量管理构建的教学质量监控体系，其最基本的要求就是质量监控的全面、全过程和全员。在当前，深入开展研究性、启发式、自主学习等改革以充分发挥学生的主体作用逐渐成为高等学校教育教学改革的重要内容。因此，要促进高等学校教学质量的不断提高，必须从改革高等学校内部教学管理角度出发，培养学生作为教学活动的直接受益群体应有的主人翁意识，培养学生对教学过程的自由选择和自我调控能力，使学生能够从自身学习需要的满足到个人目标的实现层面，对关系到自己切身利益的教学活动的组织实施过程进行主动的监控与管理。

(二) 被监控者要素

在高等学校中，凡对教学质量构成影响，发生作用的一切因素都应是受控的对象。这种影响因素具有多方面、多层次、多因素的特点，主要包括了人的因素、物的因素和管理因素三个方面。

从影响教学质量人的因素来看，教学活动主要是教师教、学生学、干部管的共同活动。因此，人的因素主要包括了教师、学生和教学管理人员。影响教学质量物的因素，主要是学校为了保证教学及其管理提供的所需物质条件。这又包括了直接影响因素和间接影响因素两大类。直接的物质因素主要有教室、实验室、运动场、图书馆等场地场所、教学仪器设备、教材图书资料等；间接的物质因素则主要是生活后勤服务条件，如宿舍、食堂等。在教学系统中，人的因素和物的因素虽然有其各自独立的地位和作用，但它们又可作为一个整体发生作用。要使各因素之间形成最佳结合，发挥最佳效率，就离不开科学规范的管理。只有管理组织严密，规章制度健全，管理方法手段先进，管理者管理水平艺术高超，人和物的作用才能得以充分发挥，教学质量才能保证。所以，管理水平的高低也是影响教学质量的重要因素，因而也是重要的受控对象。

(三) 监控活动要素

监控活动，主要是指教学质量监控中监控者对被监控者实施的控制活动的内容、形式（方式、方法、手段、途径）以及这些活动实施的过程。

第一，从监控的内容来看，主要有教学基本建设、教学运行状况和教学管理情况。教学基本建设包括学科专业、课程、教材、实践教学基地、学风、教学队伍、管理制度等建设。它是保证教学质量的基础，反映的是教学质量的静态条件。教学运行状况反映的是教学质量的动态活动，主要包括教师教的情况和学生学的情况。前者主要包括教师的课程授课计划、备课教案、上课情况、课后辅导、作业布置与批改以及对学生学业成绩的检查与评定；后者则主要包括学生课前预习、听课、课后复习、练习和系统小结等情况。教学管理本身也是教学质量监控的重要内容，其监控的重点主要是教学管理组织机构严密与否，主要教学管理岗位职责明确与否，以及教学管理运行规章制度健全和制度的贯彻落实。

第二，从监控的形式来看，监控的形式所反映的是教学质量监控的方式方法、手段等，它主要体现在制度规范、督促检查、评估评价和反馈调节等方面。规章制度是教学质量监控与管理的基础，它包括教学计划、教学大纲、学习进度计划、教学日历、课程表、教学总结等基本教学文件的制定，学籍成绩考核管理、实验室管理、排课与调课、教学档案管理等工作制度，以及教师和教学管理人员岗位职责制度和奖励制度、学生守则、课堂守则、课外活动规则等学生管理制度。督导检查是教学质量监控管理经常采用的形式，有经常性的督导检查和定期督导检查两种。前者主要通过平时作业、检测、期中考试、召开座谈会、检查性听课等方式进行；后者一般有开学前的教学准备工作检查、期中教学检查和期末检查等。督导检查也可分为常规教学质量督导检查和重点项目督导检查。评估评价是监控教学质量的有力手段。从高校内部的教学质量监控来看，一般有学院教学工作评估，系、教研室教改教研工作评估，教学基本建设评估，教师教学质量和学生学习质量评估等。

第三，反馈调节是通过建立有效的教学质量反馈信息渠道，及时、准确地收集和整理反馈回来的信息，随时调节教学工作，使其始终处于良性运行状态。其包括教师教的质量信息和学生学的质量信息以及高校培养人才进入社会，通过用人单位的使用，接受社会实践检验的信息。这种反馈信息除了通过教学检查、教学督导和评价以及听课进行收集外，还可以通过建立各级信息反馈网，即学生信息网、教师信息网和毕业生信息网来获得。

第四，从监控活动的实施过程来看，主要有大过程和小过程之分。大过程，是指从招生——计划——教学——毕业这一学生从输入到输出的全过程，它所反映的是教学产品——学生在大学四年的基本成型过程，这一过程必须始终置于教学质量的有效监控和管理之下；小过程，则是指一个监控管理周期，包括制定计划——运转调控——检测评估——总结提高，一般可以是一个学期。

（四）监控目标要素

教学质量监控与管理的目标，是教学质量监控与管理希望达到的结果。建立教学质量监控与管理目标子系统是教学管理的基础与前提，教学质量检查以目标为标准，工作的结果按完成目标的程度来评价。监控目标子系统可描述为：总目标——教学过程和目标——影响因素分目标——教学保证分目标——教学质量分目标。高校教学质量监控与管理首先应有一个能统领全局，起灵魂和核心作用的总目标。这个总目标通常就是一个学校人才培养的基本质量规格，体现了不同的学校特色，被学校每一个成员所认可。整个学校的教学质量监控与管理都应以此种目标为根据，以达成此目标为理想追求。监控过程是在系统的可能性监控空间中进行有目的、有方向的选择过程，总目标的设定就起着一种方向选择与引导的作用，虽然在质量监控过程中，并不都能在完全程度上实现总目标，但却可以努力缩小不确定性空间，接近理想状态。因此，还需要根据总目标与分目标的统揽关系，对总目标进行分解，以形成纵横交错、上下贯通、关系协调的教学质量监控目标体系，并使之更具有可操作性。

二、高校教学质量监控的目标

目标是行动之前观念存在于人们头脑中的结果，对人们的行为起着导向作用，高校教学的目标，影响着高校的教学活动，制约着高校的教育质量。

教学质量监控与管理的目标，是教学质量监控与管理希望达到的结果。建立教学质量监控与管理目标子系统是教学管理的基础与前提，教学质量检查以目标为标准，工作的结果按完成目标的程度来评价。监控目标子系统可描述为：总目标——教学过程和目标——影响因素分目标——教学保证分目标——教学质量分目标[1]。

高校教学质量监控与管理首先应有一个能统领全局，起灵魂和核心作用的总目标。这个总目标常常就是一个学校人才培养的基本质量规格，体现了不同学校的特色，为学校每一个成员所认可。整个学校的教学质量监控与管理都应以此目标为根据，以达成此目标为理想追求。监控过程是在系统的可能性监控空间中进行有目的的、有方向的选择过程，总目标的设定就起着一种方向选择与引导的作用，虽然在质量监控过程中，并不都能在完全程度上实现总目标，但却可以努力缩小不确定性空间，接近理想状态。因此，还需要根据总目标与分目标的统揽关系，对总目标进行分解，以形成纵横交错、上下贯通、关系协

---

[1] 孙连京. 高校教学管理理论与实践 [M]. 南昌：江西高校出版社，2019：83.

调的教学质量监控目标体系，使之更具有可操作性。

由于高等教育的质量是以高等教育所提供的产品与目标的符合程度来衡量的，所以建立目标保证体系是保证高校教学质量的前提。目标保证体系，包括目标的确定、调整、修订等过程。由于质量是一种动态的状态，它会随着时间的推移和环境的改变而改变，所以，作为质量衡量标准的目标也应是不断改变的，以保证目标的正确性和适应性。因此，要通过反馈信息，不断调整和修订目标，删除过时的、不适应的目标，增加新的、适应的目标，以保证高校教学活动所提供的产品能够满足消费者潜在的需要。当然，目标也应具有一定的稳定性，无时无刻不在改变的目标会使人们无所适从，失去行动的方向。总之，要以目标的正确性和适应性为前提，将变动性与稳定性结合起来，只有这样，才能建立科学的目标保证体系。在目标保证体系中，高等学校是确定、调整、修订目标的主体，尤其在扩大高校自主权之后，高等学校都应积极主动地参与目标的确定、调整和修订；社会应积极配合高等学校，为其提供及时、准确的信息反馈；政府应起到宏观监控、监督和管理的作用，对高等学校给予宏观的科学的指导。

三、高校教学质量监控的原则

对于高校来说，影响教学质量的要素有很多，教学质量监控体系就是诸要素的综合体，单一强调某一个要素都不会实现管理目标，必须全面、系统地掌握与教学质量有关的要素，做出准确、透彻的分析，从整体出发，争取各最佳要素的合理组合，才能有效地控制这些要素的协调活动，取得功能放大作用。因此，构建高校教学质量监控体系必须遵循以下几项原则。

（一）指向性原则

明确的目的是构建教学质量监控体系的核心问题，也是其出发点和归宿。构建教学质量监控体系的根本目的是，规范教学和管理、服务的行为，激励和保证教学质量能不断提高。在实践中，一些高校构建教学质量监控体系，在很大程度上是一种对教师、学生的管理、控制手段，目的也大多停留在为奖惩提供依据。这种指导思想与构建教学质量监控体系的根本目的存在偏差。应当看到，教学质量监控体系具有多种功能，但它们最终都只能指向一个共同的目标，就是必须明确归结到保证和促进教育教学质量提高这一点上。不考虑这个目的指向，而过分强调评价、管理等某些功能，就有可能使教学质量监控体系建设误入歧途，从根本上失去正确的方向。"教学质量监控工作不是为了监控而监控，从监控方案的设计到监控的具体实施都必须明确目的。"以发展性评价的观点来看，"教学质量监控的目的不在于奖惩，而在于改进教学与管理，提高教学质量"。教学质量监控的目的指向性特征，要求高校在发挥监控体系所具有的各种功能的同时，应注意有效运用激励机制，以调动师生员工的积极性，将师生在教学活动中的各种心理需求同教学目标有机地结合起来，发挥师生的主观能动性，使搞好教学、努力学习成为师生的最高层次的需求，从内心深处产生教与学的自发动力，从而将外在强制性转化为自我控制的内在动力。

（二）系统性原则

系统通常被定义为：由若干要素以一定的结构形式联结构成的具有某种功能的有机整体。在这个定义中包括了系统、要素、结构、功能四个概念，表明了要素与要素、要素与系统、系统与环境三个方面的关系。系统论的核心思想是系统的整体观念。贝塔朗菲（L. V. Bertalanffy）强调，任何系统都是一个有机的整体，它不是各个部分的机械组合或简单相加，系统的整体功能是各要素在孤立状态下所没有的性质。同时认为，系统中各要素不是孤立地存在着的，每个要素在系统中都处于一定的位置，起着特定的作用。要素之间相互关联，构成了一个不可分割的整体。要素是整体中的要素，如果将要素从系统整体中割离出来，它将失去要素的作用。系统论的基本思想方法，就是把所研究和处理的对象，当作一个系统，分析系统的结构和功能，研究系统、要素、环境三者的相互关系和变动的规律性，并优化系统观点看问题，世界上任何事物都可以看成是一个系统，系统是普遍存在着的。系统论的任务，不仅在于认识系统的特点和规律，更重要的还在于利用这些特点和规律去控制、管理、改造或创造一个系统，使它的存在与发展合乎人的目的需要。也就是说，研究系统的目的在于调整系统结构，以及各要素之间的关系，使系统达到优化目标。

因此，构建高等学校教学质量监控体系必须采取系统的观念和方法，全面地考察质量保证活动中的各个要素之间的关系，使质量监控体系能包括对影响教学质量各因素、教学过程各环节进行有效控制的各个质量保证成分，确保这些成分的紧密联系，形成有机整体。高等学校教学质量涉及教师、学生、教学设施和设备、教材，还与学校定位、培养目标和管理等有关，是一项系统工程。学校、系部、职能部门、教研室和班级等所构成的多层次、纵横交叉的网络是一个完整的高校教学管理系统。作为教学主体的学生，其入学、培养、就业也是彼此之间可以互相联系、相互影响的。因此，监控体系的设计必须严格贯彻系统性原则。

(三) 全员性原则

教学质量监控必须实行质量控制的全员参与。人人都是教学质量监控体系的监控对象，更是教学质量监控体系有效运行的实施者，只是在教学质量监控体系中由于所处的位置不同而转换角色。教学质量监控几乎涉及学校的全体人员。教师的教、学生的学、管理者的管、服务者的服务，四者不可分割，只有融为一体，才能使各自的效应放大。因此，高校全体师生员工，都是教学质量监控的参与者、责任人。教师、学生以及与教学工作相关的管理、服务人员，既是管理和监控的对象，又是实施监控的主体。当然，这个角色是互动的、经常换位的，因为在不同的监控内容、要素中，监控主体和监控对象是不同的，即在此活动中是监控者，在彼活动中则为被监控者。教学质量监控的全员性特征，要求必须充分调动和发挥全体师生员工参与教学质量监控的积极性，形成监控主体、监控对象的双向调控、互相监督，形成提高教学质量人人有责的良好机制和氛围。

(四) 可持续发展性原则

教学质量监控体系的建立、运行和完善实际上是一个不断探索、不断总结的过程。教学质量监控体系的内容是多方面的，建立教学质量监控体系，要不断地积累，最终达到完善。因此，构建高等学校教学质量监控体系必须坚持可持续发展原则[1]。就高等学校而言，可持续发展包括受教育者的可持续发展、教育者的可持续发展、高等学校自身的可持续发展以及高等教育系统乃至整个社会的可持续发展。首先，知识经济时代要求劳动者具有求变创新和终身学习的能力，以适应社会不断前进的步伐。受教育者需要在毕业后以及整个人生中不断地自我超越，最大限度地实现个人价值和社会价值。受教育者的可持续发展基于丰富的人文素养，优良的心理素质，宽厚的专业知识，追求创新的精神和实现创新的能力。其次，经济、文化全球化扩大了学生的视野，活跃了学生的思维，这也向教育者提出了更高的要求。要想跟上世界经济、文化发展的步伐，并顺利完成教书育人的使命，教育者就要不断更新专业知识、扩大教育视野、提高教育技能，为实现成功教育终身学习。另外，高等学校自身也需要持续发展。质量是学校生存与发展的生命线。要实现高等学校的可持续发展，就要不断提高教学的质量。受教育者、教育者以及高等学校自身的可持续发展将直接影响整个高等教育的发展。同时，高等教育的可持续发展是推动社会可持

---

[1] 赵文辉. 高校教学质量保障问题研究 [M]. 北京：中国人民公安大学出版社，2009：166.

续发展的重要引擎。由此，高等学校教学质量监控体系要以社会的可持续发展为前提，建立有效的组织机制、制度体系、监控评价以及反馈体系，促使高等学校教育者和受教育者满足社会持续发展的需求，实现教学质量的不断提高和高等学校的可持续发展。

(五) 科学性原则

教学质量监控不是目的，它是促进教学质量不断提高的一种手段。虽然近年来许多院校在如何保障教学质量不断提高方面开展了许多富有成效的探索，而且也相继公开推出了一些研究成果。但是，由于种种因素的制约，有些人将建立教学质量监控作为一项行政任务，而应将其视为一项科学行为，要分析其内在规律，要用科学的精神和态度，运用科学的理论和方法健全质量监控体系。

(六) 可行性原则

在设计质量监控体系时，必须特别注意其可行性：一是时间上可行，不需耗费过多的时间和精力；二是财力上可行，尽量避免花费较多的经费；三是操作上可行，有较明确、便于操作的监控标准；四是效果上可行，易于被广大师生员工所接受。在教学质量临近体系的运行过程中，还必须注意实际操作的稳妥性。

第三节 高校教学质量监控的组织与制度体系建设

一、高校教学质量监控的组织体系建设

在学校教育中，监控组织体系是教学质量监控体系的重要组成部分，这一体系的内容主要包括常规教学质量内部监控组织、教学质量督导团、教师组织和学生组织等几个部分[1]。

(一) 常规教学质量内部监控组织

高校常规教学质量内部监控组织是指目前高校中普遍存在的校级教学质量

---

[1] 杨国豪. 杏坛争辉 [M]. 福州：福建教育出版社，2007：626.

监控机构、学院（系）教学质量监控机构和教研室。

（二）教学质量督导团

在学校教育中，与一般的教学质量内部监控组织相比，教学质量督导团是一个相对独立的、有较强针对性的教学质量内部监控组织。"相对独立"主要是指教学质量督导团基于分离教学管理中的教学质量内部监控职能而建立，并不直接组织教学活动；"针对性强"是指教学质量督导团是专门履行教学质量内部监控职能的机构，它坚守服务教学和教学管理的理念，以不断改进教学质量为目标，在教学质量内部监控活动中发挥着重要的作用。教学质量督导团的组成主要包括教学专家或教学管理专家，他们普遍具有爱岗敬业、业务水平高等优良品质，对学校教学质量的提高具有非常重要的帮助。

一般情况下，教学质量督导团的主要工作包括以下三项内容。

1. 反馈和参谋

教学质量督导团首先需要展开调查工作，其调查的内容主要包括教师的教学、学生的学习情况，在此基础上发现教学工作中存在的各种问题，并向各个部门递送反馈信息，接下来参与和谋划学校的人才培养和师资队伍建设等工作。

2. 督促和指导

教学质量督导团可以通过各种手段与措施来了解教师的上课情况和学生的学习情况，如听课、实践教学、查看学生作业和毕业设计等活动，这样能为教学活动的规划提供合理的依据。

3. 评价和建议

教学质量督导团通过对教师教的结果和学生学的结果的考核和评价，提出改进建议，以促进教学活动的良性循环。

（三）教师组织

教师在学校教育中扮演着十分重要的角色，也是提高教学质量的决定性因素，因此，教师组织在教学质量内部监控组织中的地位至关重要。教师组织监控的重点在于学生的学习质量，其开展的监控活动主要包括以下两个方面。

一方面，教师之间组织开展各种教学研讨会，针对教风和学风发表自己的见解，探讨课堂教学和实践教学中存在的问题，并提出改进学生学习质量的方法。

另一方面，教师以教学规范为行为准则，履行教书育人的职责，了解并掌握学生学习的基本状况，并同其他教师以及教学管理人员进行交流沟通，以加强对学生的教育和管理。教师在重视自己如何教的同时还要重视学生如何学，在重视知识传授的同时更要重视学习方法的传授，这样才能更好地对学生的学习质量进行监控，从而培养出专业基础扎实、动手能力强、品德高尚和素质全面的人才。

（四）学生组织

在学校教学中，学生是教学活动的主体，教师在其中起着指导作用。就当今高校的教学质量内部监控活动而言，学生组织通常包括学生会和各个班级的教学质量信息员组织。学生组织的监控活动集中体现在学生评教活动上，主要包括针对教师的教学态度、使用的教学方法、讲授的教学内容等提出自己的意见和建议；发表自己在课程设置、学习方法、教材选择等方面的看法。学生评教活动的举办主要有两方面的作用：一方面可以激发教师的教学热情，促使其不断提高教学质量；另一方面，能有效调动学生的学习积极性，培养其自觉学习的意识和习惯。

在今后的教学活动中，学生评教需要注意以下三个方面的问题：第一，要明确学生评教的目的，教师和学生都要端正态度；第二，要建立一个科学的评教指标体系；第三，要科学对待学生评教的结果，充分发挥学生评教的诊断和服务功能。通过这些组织活动能为教师的教学和学生的学习提供良好的保障，保证教学活动的顺利进行。

（五）扁平化监控组织的构建

学校教学的组织与管理非常重要，一个良好的教学管理组织能保证教学活动合理有序的进行，从而有效提高学校教学的质量。在学校教学组织与管理中，少不了教学质量的监控，在构建高校教学质量监控组织时，需要注意这一组织的基本结构，即要致力于构建扁平化的监控组织结构。"管理跨度"与"组织层次"是组织管理学中的两个重要概念。其中，管理跨度是指一个上级与它直接指挥的下级之间的数量关系，组织层次是指组织最高层与组织最低层之间所包含的层次。当组织规模相对稳定时，管理跨度越大，组织层次越少；管理跨度越小，组织层次就越多。这是学校教学质量监控组织的一个重要特点和规律，作为教师一定要把握好这一规律。

在高校教学质量监控组织中，这一组织体系呈现出扁平状的结构。在锥形组织结构中，由于管理层次偏多，信息从高到低或者从低到高的运行要经历多个层次，容易导致对质量需求信息的反映所需时间较长，而且信息经历的层次越多，其真实性和准确性也就越低，即便经过了漫长的等待，也未必能获得组织所期望的需求。信息的低效运行以及失真导致质量要求难以满足,这势必给教学质量内部监控带来重重困难,进而导致教学质量监控体系的运转不畅,不利于教学活动的顺利进行。

如何构建一个科学的扁平化组织结构是一个难题。关于这点,我们可以借鉴国外高等教育机构在实施全面质量管理中的两种做法。一是通过削减管理部门来减少组织层次。国外的一些高等教育机构在教学质量内部监控活动中撤销了大量职能部门,由校长直接面对教研室,教学质量的信息传达到教研室,再由教研室直接传达至校长。二是减少和取消副职。副职的存在虽然没有增加组织层次,却增加了管理层次。在组织层次难以减少的情况下,可以采取减少和取消副职的做法。这两种做法都已经被证明是较为合理和有效的手段,我们可以结合自己的国情和学校的具体实际借鉴和采纳。

二、高校教学质量监控的制度体系建设

构建教学质量监控制度体系的重点在于编制一套完备的教学质量监控体系文件,并不断完善该文件。教学质量监控体系文件作为高校各个部门开展教学质量监控活动的"标尺",其作用也十分突出。一般情况下,我们可以将高校教学质量监控体系文件划分为以下五个层次,每一个层次的内容都非常重要,需要引起重视。

(一) 教学质量方针

在学校教育中,教学质量方针是高校全体教职员工必须遵守的行为准则,它充分体现了学校管理者的质量理念,是学校总方针的重要组成部分。一般情况下,高校教学质量方针主要包括以下三个部分。

第一部分是质量宗旨,质量宗旨反映了高校对教学质量以及教学质量内部监控的态度。此外,它还包括学校对家长、学生、政府和企业等利益相关者做出的质量承诺以及实现这些承诺所遵守的准则。

第二部分是质量方向,质量方向主要体现在质量目标的制订上。

第三部分是教学质量方针与学校总方针之间的联系与区别,教学质量方针的作用与意义重大,在制订教学质量方针时,应该把学校总方针和教学质量方针有机结合,综合考虑学校的发展方向以及有关各方的要求。教学质量方针为高校教学质量的改进指明了前进的方向,是教学质量工作的行动纲领,因此,教学质量方针的制订一定要科学、合理。

(二) 教学质量手册

教学质量手册是学校教学和管理工作的重要依据，属于教学质量监控体系的重要内容。它在一定程度上展现出高校教学质量内部监控体系的运作状态。教学质量手册是高校开展教学质量内部监控活动以及制订其他监控体系文件的参考依据，因此具有一定的基础性特征。一般来说，教学质量手册对学校教学质量内部监控体系的描述应该兼具系统性和整合性，以确保教学质量内部监控活动的顺利进行。高校的教学质量手册还应尽量与学校其他标准和规定之间保持一致。与此同时，教学质量手册中的各项规定之间也不能出现矛盾。高校的教学质量手册旨在传达学校的教学质量方针，展示学校教学质量内部监控体系的构成，明晰各主要程序和要求之间的关系，为教学质量监控组织与活动的进行提供重要的文件保障，如果缺少了教学质量手册，教学监控活动就会显得无序，难以有效的开展。

(三) 教学程序文件

教学程序文件是指由开展教学活动的各种不同途径所组成的文件，这一文件主要显示了高校教学质量内部监控活动的各个环节。教学程序文件主要包括两部分内容。一是"5W1H"，即为何而做（why）、做什么（what）、由谁来做（who）、何时做（when）、何地做（where）以及如何做（how）。二是教学质量内部监控活动中使用的工具和原材料，以及对教学质量内部监控活动的文件记录。这两方面都非常重要，在构建教学质量监控制度体系时要引起高度重视。

(四) 教学作业文件

教学作业文件是一种教学质量手册和教学程序文件的支持性文件，也是对教学质量手册和教学程序文件的进一步细化和补充。具体而言，教学作业文件是指高校针对各部门的不同职责和分工而具体规定的各种工作要求和准则，主要用于阐明教学过程或教学活动的具体要求和方法[1]。教学作业文件应致力于达到各项教学质量活动责任的明确分配和有效落实，尽量避免各部门出现职责上的缺口或重叠。一般来说，教学作业文件主要包括规则和岗位作业指导书两大类。作为教学管理人员，一定要加强学习和掌握。

---

[1] 张振. 高职高专院校教学质量内部监控体系研究 [M]. 徐州：中国矿业大学出版社，2017：120.

(五) 教学质量记录

教学质量记录是指高校所记录的教学质量活动执行情况，用以证明教学质量内部监控体系的有效运行。教学质量记录具有可操作性、可检查性和可见证性等特征，记录的内容中包含了大量的客观证据，从而为教学质量监控活动提供了重要的事实依据，能为教学质量活动起到重要的预防和纠正作用。

除此之外，教学质量记录也为判断高校的教学质量相关活动是否有效提供了重要的参照标准，现已成为高校进行数据决策和制定改进措施的重要依据。

第四节　高校教学质量监控的指标体系构建

一、指标体系的概念与作用

(一) 指标体系的概念

在一个评价体系中，评价的全部因素的集合被称为指标体系。评价即是通过这些指标体系来判断给定的目标是否达到。由此可见，设计指标体系实质是规定评价哪些因素，不评价哪些因素，即将评价所依据的目标具体化、行为化。

实际上，指标体系有广义和狭义之分。上述这一指标体系的含义就是狭义的，它只包含各项指标的集合。广义的指标体系则不仅包含各项指标的集合，而且还包括各项指标的权重系数、评价标准以及各项指标的文字描述。因此，在实施评价工作之前，评价工作者不仅要将评价所依据的目标加以具体化、行为化，而且还要规定好各项指标的权重系统以及各项指标的文字描述。

(二) 指标体系的作用

建立指标体系对于教学评价工作的开展至关重要。可以说，它是评价的核心问题，假若没有指标体系，我们的评价工作就会无从入手，其作用不仅决定了人们评什么、不评什么，而且还决定了人们重视什么、忽略什么，这是对评价对象行为的质的导向。首先，指标体系可以使评价变为分项评价，从而有助于克服评价者从自己主观臆想出发的笼统评价，也有助于评价反馈功能的发挥。比如，教师讲课质量的评价可以分解为教学内容、教学方法、教学态度、教学效果等主指标，而每一个主指标又可以分解为若干个亚指标，通过每一个亚指标，则可以发现教师的授课哪方面做得好，哪方面不够理想①。这样，得出的反馈信息才是有效和具体的，对教学质量的提高才有帮助。

在进行教学质量评价的过程中，要采取各种手段和方法提高评价的客观性和精确性。因为评价是一个价值判断的过程，对一事物做出评价就是对一事物做出价值判断。人们的价值观并不完全一致，因此即使在对事物的客观现状十分了解的情况下，仍然有可能得出不同的评价结果。比如，在教育改革的实践中，有的学校侧重于管理体制方面的改革，有的侧重于教学方法、教学内容方面的改革。评价者若从宏观控制的角度出发，可能会更多地赞扬前者，若从人才培养的角度出发，可能会更多地欣赏后者。由此可见，一个复杂的系统是包含着多种因素的，评价者假若不建立指标体系进行分项评价，则难免眉毛胡子一把抓，造成评价的主观性，以致影响评价结果的客观性和精确性。因此，设计指标体系必须保证客观性和精确性，这样才能得出合理和准确的评价结果。

建立一个合理的评价指标体系非常重要，在这一体系下，评价工作者可以实现良好的沟通与交流，从而得出理想的评价结果。指标体系的建立过程实际上也是人们价值认识取得一致的过程，指标体系使人们的价值认识凝聚和统一在指标相应的权重之中。有了一致的价值认识才有可能获得一致的评价结果。因此，只有建立科学合理的指标体系，实行分项评价才能保证是科学的。

综上可知，教育评价的指标体系是开展科学的评价活动的基础，建立科学合理的指标体系是开展评价活动的必要环节。

二、指标体系设计的原则

在设计高校教学质量指标体系时需要遵循以下几个基本原则。

（一）方向性原则

在高校教学质量评价中，评价是指按照一定的教育性质和教育目标进行的，这就牵涉一定的方向性问题，因此我们在设计指标体系时要注意提供部分试读教育的这个大方向。具体而言，就是要体现办学的社会主义方向，体现教育事业发展、改革和提高的方向。比如，我们的基础教育的根本任务是提高民族素质，努力使教育者在德、智、体、美、劳等方面得到全面发展，成为有理想、有道德、有文化、有纪律的社会主义事业的建设者和接班人，这就是我们办学的性质和方向，也是我们培养人才的标准。所以，从哪个方面去评价、如

---

① 王战军. 学位与研究生教育评估技术与实践［M］. 北京：高等教育出版社，2000：53.

何分配表示重视程度的权数均要有明确的导向，要克服片面性。关于重智育、轻德育，重考试分数、轻素质培养等倾向都是与我们的教育性质、教育目标不相符合的。另外，在平时的教学中，对教师的评价也要避免评价不客观的情况，坚持正确的方向，提高教学评价的科学性和合理性。

（二）一致性原则

高校教学质量监控指标体系的一致性原则是指标与目标的一致，而不是违背基本的目标。这就要求这一指标体系既是具体的、行为化的，又是反映事物本质的。例如，就德育评价而言，其指标体系应该与国家教委颁发的德育大纲取得一致。德育大纲中明确规定，中、小学的德育目标都包括了思想政治品质、道德品质、个性心理品质、能力四个方面，因此，我们在确立德育评价的指标体系时必须以此为依据，对德育所规定的四个方面给予具体化。比如，对学生的思想政治品质方面的评价可具体为政治理论知识、政治态度、理想志向等方面，而对道德品质方面的评价可具体为遵纪守法、集体精神、公益活动表现、尊重关心他人的态度、艰苦俭朴作风等方面，还可以根据学生的具体行为来确定。总之，指标的确立一定要与目标相一致，不能相违背[①]。

（三）系统性原则

系统性原则指的是评价指标体系应具有一定的整体性、联系性和层次性特点，这三个方面缺一不可。下面简单阐述教学质量指标体系设计的系统性原则。

1. 整体性

整体性指的是对评价对象的考核要全面，要从整体上来看，并要求考核的内容要全面，既要有结果，也要有过程，要有人的方面，也要有物的方面，评价实践中可视具体情况而定。但需要注意的是，决不能以个别指标代替一系列指标，这必然会产生评价的偏差，如用升学率来评价学校工作就会造成学校去追求升学率。如果对教师的评价只看在课堂上讲授如何也是不对的。教育是一个系统工程，它的效果是综合多种因素形成的。如果过分地强调了某一因素就会导致系统的失衡，不利于教学系统的顺利运行。

2. 联系性

联系性是指当评价对象处于更大的系统中时，要注意它与周围的纵向及横

[①] 薛明明，张海峰. 高校教学管理及教学质量保障体系的建设与探索 [M]. 北京：九州出版社，2021：201.

向的联系。比如，对学校的评价应该注意到它的学生来源，所处的社会、地理环境等，这些都要在评价体系中有所体现，这样才能保证评价系统的合理性与有效性。

3. 层次性

层次性是指就评价对象的不同类型制定不同的指标体系和评价标准。例如，重点学校与普通学校，城镇学校与乡村学校，经济发达地区与贫困山区等，在要求上有不同的层次，因此，在构建教学质量指标体系的过程中要高度重视，不能忽略了这一点。

(四) 独立性原则

独立性原则是指各项指标之间互不相容，每个指标都独立地提供信息，不能有重叠的关系。那么，为什么评价的指标必须相互独立呢？原因主要有两点。其一，指标若不独立则有重叠，这说明其中有些是冗余的。冗余指标的存在显然对整个指标体系没有意义，而且会增加整个评价的工作量，这就降低了评价的可行性。其二，指标若不独立，则在指标体系中，重叠的指标被重复地进行评分，实际上是加大了它的权重。在权重集合中，这种偏差的出现显然会影响整个评价工作的科学性和精确性。由此可见，独立性原则是设计指标体系时必须要遵循的。

(五) 可测性原则

可测性原则即是使教育目标成为科学研究上的构架，应用操作化的语言来界定它，所规定的内容是可通过实际观测加以直接测量，以获得明确的结论，也即是说使抽象的目标具体化，使它具有直接的可测性。例如，对学生的思想品德来说，我们都知道一定社会的政治思想与道德规范经过德育工作者的教养或学生自己的修养，会成为学生头脑中的意识形态。这种内隐的思想品德是抽象的，它的质和量是无法觉察与度量的，这种头脑中的量变与质变进程是看不见、摸不着的。然而，当这种思想品德在适当的情况下以某种行为表现出来时，其则会转化为可以直接观察的东西，即具有可测性了。比如，理想教育是学校德育的核心，对理想教育效果的评价是很重要的一个方面。理想本来就是人类深层的内心世界，是属于深层的心理现象，是不可直接测知的。但我们可以转不可测为可测，即通过外显的行为去间接推断其内隐的实质。因为社会理想结构包含有政治方向、人生观、个性心理品质三方面，同时学生个人理想主要在日常的学习活动中表现出来，所以我们可以从政治思想倾向、人生价值观念、个性心理品质以及学习活动表现四个方面测评学生的社会理想，显然这四个方面是可测的。当然还须对各方面再具体化，尤其是行为的具体化。比如，人生价值观念可对集体奉献精神、公益活动表现、关心他人态度、艰苦俭朴作风、成才报国愿望等具体测评。

倘若探讨一个学科发展的方向是否具有意义的问题。显然，就其本身来说，学科发展方向的意义是不可直接测量的，意义和理想一样十分抽象。但是，我们可以通过研究该学科的发展对其他学科的影响、对社会发展的影响这些外部表现，把这一学科发展的意义充分地表现出来。

参考文献

[1] 曹晶，陈敬良. 我国高校教学评估的价值取向变迁及未来选择［J］. 黑龙江高教研究，2020（6）.

[2] 陈武林. 高校本科专业教学质量标准 复杂性理论视角［M］. 广州：广东高等教育出版社，2015.

[3] 丛红艳，房玲玲. 高校教学改革与文化的融合创新研究［M］. 长春：吉林人民出版社，2019.

[4] 董彩云. 参与式教学的理论与实践［M］. 长春：东北师范大学出版社，2017.

[5] 段作章. 教学理念的内涵与特点探析［J］. 教育导刊，2011（11）.

[6] 费拥军. 高校实践育人路径的优化探究［J］. 教育与职业，2014（9）.

[7] 傅昌德. 高校教学督导的理论与实践探索［J］. 广西师范学院学报（哲学社会科学版），2008（4）.

[8] 高杨. 关于高校教学质量评估的思考［J］. 新课程研究，2021（36）.

[9] 顾永安. 试论应用型本科院校教学质量标准制定的依据与要求［J］. 中国大学教学，2010（6）.

[10] 郭越. 浅谈英语任务型教学［J］. 山西青年，2016（12）.

[11] 何克抗. 从 Blending Learning 看教育技术理论的新发展［J］. 电化教育研究，2004（3）.

[12] 贺祖斌. 高等教育生态学［M］. 桂林：广西师范大学出版社，2005.

[13] 黄红卫. 高校教学管理存在的问题及改革策略［J］. 郑州铁路职业技术学院学报，2021，33（4）.

[14] 黄建欢，张亚斌，祝树金. 小班讨论的组织模式和教学效果：响应学生需求的视角［J］. 大学教育科学，2015（4）.

[15] 黄建雄. 大学参与式教学：内涵、形态和策略［J］. 教育现代化，2021，8（18）.

［16］黄蓉生. 质量与保障 坚守高等教育生命线［M］. 北京：教育科学出版社，2011.

［17］江捷. 英国高校实践教学的启示［J］. 理工高教研究，2007（3）.

［18］教育部高等教育评估中心. 高等学校教学工作评估与教学成果评审实用手册（第 2 卷）［M］. 北京：中国教育出版社，2005.

［19］李碧虹，余亚华，舒俊. 高校教师质量的现状与提升策略研究［M］. 长沙：湖南大学出版社，2016.

［20］李剑萍，大学教学论［M］. 济南：山东大学出版社，2008.

［21］李祥. 高校思想政治理论课"大班授课、小班研讨"教学改革模式探讨［J］. 新乡学院学报，2015（1）.

［22］李小娃，莫玉婉."211 工程"大学本科毕业就业结构研究［J］. 现代教育管理，2014（8）.

［23］李艳，郭玉华. 高校智慧课堂教学模式的设计与实施［J］. 嘉兴学院学报，2021，33（6）.

［24］李艳静. 高校教学存在的问题及改进措施［J］. 西部素质教育，2018，4（3）.

［25］李颖，董彦. 现代教育技术应用（第 2 版）［M］. 合肥：中国科学技术大学出版社，2018.

［26］梁延秋. 高等教育教学评估与发展研究［M］. 北京：中国商务出版社，2018.

［27］廖飞. 中国高校教学评估的回顾与展望［J］. 学园，2017（26）.

［28］林永和，孙宝存. 砥砺奋进 教学质量与督导 全国新时代教育改革优秀论文选［M］. 北京：国家行政学院出版社，2018.

［29］刘旭，关鹏. 教育高质量发展背景下高校教学督导工作体系重构［J］. 渭南师范学院学报，2022，37（8）.

［30］柳丽花. 任务型教学模式及其在大学教学中的应用［J］. 大学，2020（8）.

［31］鲁圣鹏，李雪芹，梁炯丰，汤蒂莲. 基于"学习范式"的高校教育小班研讨课实施路径与建议［J］. 内江科技，2020，41（11）.

［32］罗俊，李树枝，侯丽梅. 基于高效课堂视角下的英语教学研究［M］. 青岛：中国海洋大学出版社，2018.

［33］吕红，邱均平. 高等教育质量标准体系基本理论问题研究［J］. 重庆大学学报（社会科学版），2015（5）.

［34］毛群英. 智慧课堂教学模式设计研究［J］. 教学与管理，2021（3）.

[35] 孟兆怀. 实践教学的行与思 [M]. 成都：电子科技大学出版社，2013.

[36] 宁业勤. 教育评价实践研究 [M]. 杭州：浙江工商大学出版社，2016.

[37] 彭钢. 支配与控制：教学理念与教学行为 [J]. 上海教育科研，2002 (11).

[38] 彭青龙. 论《英语类专业本科教学质量国家标准》的特点及其与学校标准的关系 [J]. 外语教学与研究，2016 (1).

[39] 佘朝兵. "慕课"浪潮引发的高校教学改革分析 [J]. 考试周刊，2019 (11).

[40] 沈志荣. 高校课堂教学质量评估的困境与出路 [J]. 滁州学院学报，2017，19 (4).

[41] 宋萍. 高职院校化学教学模式建构 [M]. 汕头：汕头大学出版社，2019.

[42] 孙连京. 高校教学管理理论与实践 [M]. 南昌：江西高校出版社，2019.

[43] 孙蕊. 学校管理工作评价初探 [J]. 学周刊（下旬），2015 (3).

[44] 孙亚玲，傅淳. 教学理念辨析 [J]. 云南师范大学学报，2004 (4).

[45] 谭忠真，尹洁，谭和平. 教学质量即时监控与教学互动的系统建构 [J]. 教育评论，2007 (5).

[46] 田建荣. 促进高质量发展：高校教学督导的使命与责任 [J]. 教育与考试，2020 (5).

[47] 王昌海，陶斐斐，等. 中国教育信息化研究 [M]. 贵阳：贵州人民出版社，2009.

[48] 王传金，谢利民. 教学观念研究：何去何从 [J]. 教育理论与实践，2006 (7).

[49] 王春春. 高等教育质量标准与评价 [J]. 大学（学术版），2010 (5).

[50] 王洪才. 何谓"学生中心主义"？[J]. 大学教育科学，2014 (6).

[51] 王建明. 高校教学管理面临的机遇与挑战研究 [J]. 湖北开放职业学院学报，2022，35 (15).

[52] 王琦. 研究型大学"教授为本科生授课"问题研究 [D]. 上海：华东师范大学，2008.

[53] 王玮丽，常智勇. 对我国高校教学现状的分析 [J]. 教育与职业，2007 (14).

[54] 王亚娟. 高校督导队伍的建设原则探析 [J]. 中国成人教育，2014 (3).

[55] 王战军. 学位与研究生教育评估技术与实践 [M]. 北京：高等教育出版社，2000.

[56] 吴越，杜学元. 试论高等教育与经济发展 [J]. 生产力研究，2007 (21).

[57] 向梅梅，刘明贵. 应用型本科高校实践教学研究［M］. 广州：暨南大学出版社，2011.

[58] 向淑文. 第二届贵州大学实践教学创新论坛论文集 教师篇［M］. 贵阳：贵州大学出版社，2010.

[59] 肖华. 应用型本科高校立德树人探索［M］. 苏州：苏州大学出版社，2014.

[60] 谢学旗. 高校实践教学存在的问题及对策探究［J］. 史志学刊，2013（6）.

[61] 谢忠新. 中小学教育信息化评估指标构建的思考［J］. 中国教育信息化（基础教育），2008（3）.

[62] 徐明稚，等. 高校财务风险及预警防范机制研究［M］. 上海：东华大学出版社，2015.

[63] 闫群力. 巡视监督关键在于"洞察"问题［N］. 中国纪检监察报，2013-5-7.

[64] 杨国豪. 杏坛争辉［M］. 福州：福建教育出版社，2007.

[65] 杨鹃瑞. 高校混合式教学模式的探索与研究［J］. 智库时代，2022（5）.

[66] 杨启亮. 转变教学观念的问题与思考［J］. 教育科学，2000（2）.

[67] 杨树生. 高校课堂教学方法的选择与实践［J］. 产业与科技论坛，2021，20（17）.

[68] 杨晓宏，梁丽. 全面解读教育信息化［J］. 电化教育研究，2005（1）.

[69] 杨一丹. 深度学习场域下的高职院校"线上线下混合式教学"常态化构建［J］. 江苏高教，2020（6）.

[70] 杨迎天. 高校教学督导工作探析［J］. 青年与社会，2018（31）.

[71] 姚利民. 大学有效教学特征之研究［J］. 现代大学教育，2001（6）.

[72] 姚相全，周东明. 高校教师对教学督导的认识与期望的调查研究［J］. 教育研究与实验，2011（5）.

[73] 袁维敏. 高校教学管理工作组织实施与教学质量管理实务全书（第1卷）［M］. 南昌：华夏教育出版社，2006.

[74] 张建勋，朱琳. 基于麦可思平台的课堂教学即时评价模型［J］. 内蒙古师范大学学报（教育科学版），2017，30（12）.

[75] 张锦，牡尚荣. 混合式教学的内涵、价值诉求及实施路径［J］. 教学管理，2020（9）.

[76] 张文杰. 高校慕课教学现存问题及对策研究［J］. 产业与科技论坛，2018（8）.

[77] 张雨薇. 高校课堂探究式教学模式的研究［J］. 山西青年, 2021（4）.

[78] 张振. 高职高专院校教学质量内部监控体系研究［M］. 徐州: 中国矿业大学出版社, 2017.

[79] 赵翠荣. 高校教学质量保障体系构建的举措［J］. 普洱学院学报, 2022（5）.

[80] 赵国栋. 大学教学理念的形成及理论分析［J］. 河北科技大学学报（社会科学版）, 2003（9）.

[81] 赵伶俐. 如何衡量高等教育质量与水平［J］. 理工高教研究, 2009（2）.

[82] 赵彤. 新建应用型本科实践教学体系构建研究以商科专业为例［M］. 南京: 东南大学出版社, 2016.

[83] 赵文辉. 高校教学质量保障问题研究［M］. 北京: 中国人民公安大学出版社, 2009.

[84] 赵祥辉. 高校"以学生为中心"教学改革理念: 意义、困境与出路［J］. 中国高等教育评论, 2020（2）.

[85] 赵玉林. 高校教学督导工作运行论［M］. 武汉: 武汉理工大学出版社, 2004.

[86] 郑永安. 一流大学服务新发展格局的着眼点和着力点［J］. 中国高等教育, 2021（3）.

[87] 周菁. 应用型人才培养目标下高校实践教学教师队伍建设研究［J］. 教育探索, 2011（9）.

[88] 周作斌. 教学理论与实践研究［M］. 西安: 陕西人民出版社, 2007.